友達&恋人のつくり方マニュアル

LOVEの
トリセツ

大倉士門

はじめに
まいど〜〜士門です。
この本を手に取ってくれてほんまにありがとう!!
オレは今まで20年ちょっと生きてきて、
ほんまにいろ〜〜んな人と出会ってきた。
いろんな人の中身を知って、いろんな経験をして、
オレが感じたこと学んだことがぎょうさんある。
そこで、みんなが少しでも笑顔になれるヒントをこの本につめ込んでみたで!!

今、友達関係で悩んでるコ、恋愛で悩んでるコ、
将来に漠然とした不安を抱えてるコ…。

明日からどう動くかで、これから先がどんなに楽しくなるかがキマる!!
ちょっとでもいいなと思う言葉があったら、隣の人にも教えてあげて!!

一度きりの人生、
楽しんだもんが最強やで!!
みんなでHappyになろう♥

フリンジニット ¥4309、パンツ ¥4309 ／ともに WEGO

◆土門のつぶやき

「私こうやったら良かったのに…」とか

「なんでオレこうちゃうねん」とか考えるまえに、

自分がもともと生まれ持ったものは、しゃあないもんやし、

生まれ持ったものはオトンとオカンがせっかくくれたもんやし。

それを受け入れて必死に努力するか、

それにしっかりと見合ったことをするよな。

そうしたら、いつか絶対でっかい花が咲くから。

うん。それでこそ人間やな。

土門のつぶやき

日ごろオレが思ってること。大事にしてることをつぶやいてみた。みんなの気持ちが楽になったり、元気が出たり。少しでも役に立てればうれしいな。

◆土門のつぶやき

何事も当たりまえの特別さに
気づいたとき。まだ間に合う。まだ間に合う。
今からでも間に合う。ちゃんと
今の今からでも大切にすれば、
きっとまだなんとかなる。
そう自分に言い聞かせないと
やっていけないもん。今オレが
置かれてるこの環境。この感情。
このポジション。
ほんまにありがとう。
当たりまえなことほど
大切なものってない。

◆ 土門のつぶやき

やっぱ家でぐうたらするほどラクチンなものはない。でも、それほど人生でもったいないもんってないと思う。引きこもり大好きなキミへ。まず家を飛び出してみよう‼ 何かが起こる。何かを得よう。その気持ちを抱いてまず飛び出してみよう。足はたくさん外を歩くためについてるんでね。

◆ 土門のつぶやき

「あの人と出会わなきゃ良かった」そう思う出会いって、
誰にでもときどきあるけど。コイツの中身どないなっとんねん
とか思っても、神様がその人から何かを学ばせるために
出会わせたわけやし。結局出会えば、
話してその人のこと知ろうとせなあかんなあ。
なんで、今、自分がその人と出会わされたのか。
結局は無意味な出会いなんてないってこと。

出会いは一瞬、出会えば一生。

◆ 土門のつぶやき

この世の中でさ、
出会って良かったって
本気で思える人ってじつは
50％もおらへんねやろなぁ。
でも、そういう人たちと出会って、
また学んで。
ほんまに自分が急成長させてもらえる。
本気でそうゆう人たちを
大切にしようと心から思った。
その人から得たものを次へ!!
大切な誰かに伝えよう。
Loop！ 大切。

当たりまえのくり返しの
日々のなかでも、
じつは少しずつの成長があって。
何かほんの少しやけど
楽しみがあって。
でもじつはそれに気づくのって
ほんまに難しくて。
気づいたころには遅かったりして。
そう思うけど遅すぎることなかったり。
結局、自分の明日をつくるのって、
今日の自分しかおらんねんで。

◆土門のつぶやき

これから先、何があっても
おもいっくそ笑い飛ばしてやる！
って、まぁそんなムリな話（笑）。
楽しいときは笑う。つらいときは泣く。
それでえぇやんかー。

◆ 士門のつぶやき

この街はどれだけの真実とウソで覆われてるのか。
誰かにとっての真実が誰かにとってはウソになることもあって。
信じてくれる人にはわかるし、
信じてくれない人には何言ってもムダで。
結局は自分には絶対にウソつきたくないなぁ。信念あるもん。
自分自身は裏切るな！　何があっても背(そむ)くな‼

◆ 士門のつぶやき

べつに好きって言われへんくてもええねん。
べつにチューとかせんくてもええねん。
ずっとそばにいてくれるだけでええねん。
オレにだけ見せてくれるオマエのその顔がオレの一生の宝物。
ずっと隣で笑っててほしい。

どんなときも味方でいてくれるのが友達。
自分が間違ってたら、ちゃんと叱ってくれるのも友達。
一緒にいてワイワイしゃべり合えるのも友達。
無言でも一緒にいてラクなのも友達。
一緒にバカやれるのが友達。本気で笑い合える友達。
みんなにはいる？

◆ 上門のつぶやき

好きと嫌いって
ほんまに紙一重やと思う。
でも、そんな
一瞬で変わるようなものなら、
正直いらない。
何があってもお互い
成長し合って乗り越えて。
そういう絶対的なものが欲しい。

好きな人とケンカして別れそうなキミへ。
まだ1㎜でも好きっていう気持ちがあるんやったら、
全力でつなぎ止めな。
ダサイとかそんなこと気にせず、後悔するよりまえに、
なんとしてでも追っかけな。
素直になりな。
まだ別れてないねんから、今すぐ駆け出せ!!
いつまでも強がってるのはほんまに毒やで。

◆土門のつぶやき

何事ともね、相手の目を見て口で話さないと伝わらないよ。
どーんなちっちゃいことでも。目を見て話すってそんだけ大事。

人に自分が
何かしてあげたことは忘れても、
自分が何かしてもらったことは
絶対に忘れるな。

予想は裏切れ!!
期待は裏切るな!!

◆ 上門のつぶやき

人対人では、ほんまに思ってること、
想ってること、
全然伝わらへんこともある。
それはオレのことも相手には伝わらんし、
相手のこともわからへん。
友達でも家族でも恋人でも、
お互いぶつかり合ったときにやっと
本音がわかるんちゃうかなって思う。
少しでも何か思ってることがあるなら
怖がらずにClash!!

大倉士門の
友達＆恋人のつくり方
マニュアル

LOVEの
トリセツ

CONTENTS

CONTENTS

士門のつぶやき　　　　　　　　　　　　　　　　　　　004

CHAPTER 1　友達のつくり方教室

- 士門先生のあいさつ …………………………… 030
- (1時間目) 自信をつける技術 ………………… 032
- (2時間目) ポジティブになる技術 …………… 038
- (3時間目) 人見知りを克服する技術 ………… 042
- (4時間目) 友達を倍に増やす技術 …………… 048

CHAPTER 2　特別講義　夢の叶え方

- 士門先生のあいさつ …………………………… 060

CHAPTER 3　彼氏のつくり方教室

- 士門先生のあいさつ …………………………… 068
- (1時間目) 好きな人をつくる技術 …………… 070
- (2時間目) 彼を胸キュンさせるトーク技術 … 074
- 　　　　　　メンズがよろこぶほめ POINT ………… 082
- (3時間目) 彼にとって特別な存在になる技術 … 084
- 　　　　　　特別な存在になるための胸キュン4大セリフ
- (4時間目) 彼に可愛いって思わせる技術 …… 090
- 　　　　　　メンズにバレバレのブリッコの境界線 … 092
- 　　　　　　大倉士門の LOVE トーク ……………… 100
- (5時間目) 男をオトす LINE 技術 …………… 104
- 　　　　　　彼を胸キュンさせる接近テク ………… 132
- (6時間目) 告白する技術 ……………………… 134

CHAPTER 4 長続きするつき合い方教室

- （1時間目）彼氏を夢中にさせる技術 ･･････････････ 140
- （2時間目）ヤキモチを焼く技術 ････････････････････ 146

"○○士門" 妄想フォト劇場

- おめざめ士門 ･･････････････････････････････････ 154
- サーファー士門 ････････････････････････････････ 158
- 危険な士門 ････････････････････････････････････ 162
- ビショ濡れ士門 ････････････････････････････････ 166
- おやすみ士門 ･･････････････････････････････････ 170

SHIMON'S MANUAL
CHAPTER

友達の つくり方 教室

....

友達のつくり方だけでなく、自信のつけ方や、
人見知りの直し方もレクチャーするで♪
友達がおれば世界は広がる!!
1人では無理やったこともできるようになる!!
みんなも一生もんの友達をつくろうぜ★

友達のつくり方教室

士門先生のあいさつ

大倉士門は究極の

　オレは、昔からめっちゃ寂しがり屋で、今までの人生、つねに誰かとつながってなきゃムリやった。小さいころから、とにかくお母さん子で、お父さんもおばあちゃんも大好きで。つねにだれかにかまってほしい、極度のかまってちゃん。それが、今でも直らへんの。

　渋谷から原宿のちょっとした移動中でも、だれかとつながってたくて、つねに電話してるかLINEしてるし(笑)。でも、天真らんまんに誰とでも気さくにつき合えるかというと、じつはそんなことなくて。相手に対してはすごく気をつかってる。そんで、絶対に気をつかってるのをバレないようにするか、もしくは最初から気をつかってますよ、っていうのを冗談で100%出すか。

　なんで、そんなに気をつかうかっていうと、人に悪口言われるのがすごく嫌やねん。やっぱり、オレのこといいように思ってほしいし。もちろん、八方美人でもあるし。「オレのこと悪く言うヤツは言わせとけ」って言う人もいるけど、オレにはそれができひん。悪口が聞こえてきたら、やっぱり超テンション下がるし。みんなから好かれてたいねん!!

　あと、圧倒的に人と会うのが好きっていうのはある!! オレの友達と、ほかの友達を知り合わせて、オレの知らんところでそいつらが仲良くなっていくのも好き。1つ1つの出会いがつながっていくかんじがたまらんねん。それにな、オレ、めちゃめちゃフットワークも軽いから。2年前に、〝そこにはどんな人がいるん

寂しがり屋

やろ？〟って気になって、沖縄の石垣島に1人旅したことがあんねん。そこで、いろんな人と出会って、その旅で友達が30〜40人できた。今も、その人たちが東京に来たら一緒にごはん食べるし、年1回は会ってる関係が続いてる。

　友達は全部合わせたら1200人!! オレは、特別カッコよくも演技ができるワケでも、音楽ができるワケでもないのに、この場所におれんのは、確実に友達から広がっていったつながりのおかげやねん。今の時代、人とのつながりが薄いなんて言われてるけど、そんな時代やからこそ、少しでも大倉士門流の暑苦しい生き方が、みんなの参考になればいいなって思ってる。

友達のつくり方教室
1時間目
#first lesson

自信をつける技術

「Popteen」や、オレのTwitterで、みんなからの悩みを募集したら意外と多かったのが『自信がない』って悩み。友人関係も恋愛も、まずは自分のことを好きにならなきゃ始まらへん!! けど、これって意外と難しいんやね。

Question

さきめろ

自分のレベル上げるためにも！と思って大会にエントリーしようとしたけど、結局、自信がなくてエントリーできませんでした。どんなに練習がんばっても自信がもてません!!

Question

とくながあすみ

どうしたら自分に自信がもてますか？

Answer 1

自信なんて もってへんのが 当たりまえや!!

1 友達のつくり方教室

　まずは、自信をムリヤリつけようとして焦らずに、1回、自信がないってことを受け入れてみよ。そもそも、自信なんてもってないのが当たりまえ。**安心してください。まわりのみんなだって自信ないんです!!** 自信がないと感じるのは、まわりの人の得意な部分だけを見て、自分のほうが劣ってると勘違いしてるんやと思う。例えば、はたから見たらスタイルが良くて男女からモテるような女のコがいたとしても、じつは、勉強ができずに悩んでいたり…。スポーツが得意でも、手が不器用だったり…。それぞれ得意、不得意があるだけなんよねぇ。**表面上ではわからへん、コンプレックスや不得意なことをみんな抱えてるもんやで。**

　だから、それをある一面だけ見て、自分と比べて自信なくしてもしょうがないやん。一見自信満々に見えるコでも、内面ではいろいろ悩んでるからね。**自信なんてないからこそ、目的のために努力して努力してがんばることができるんや。**見た目のことだって、メイクやファッションとか、努力や工夫でなんとでも補えるから。

　ただ、自信がないって理由で、挑戦することをあきらめたらアカン!! オマエだけやない、みんな、自信なんてないんやから!! 挑戦せなもったいない!!

Answer 2

内気なヤツほど変われる!!

　生まれもった性格は変わらないって言う人もおるけど、オレは変われると思う。内気やからこそ、いろいろ考えてるし、もっと努力して変わろうって思うやん。**自信家より内気なヤツのほうが、その後の伸びしろがスゴイ!!** 内気やったけど、今は人前に出てもすごく堂々としてるヤツなんて何人も見てきたし。実際、オレも昔は極度な恥ずかしがり屋やった。授業で先生が「この問題わかる人」とか言って、わかってたとしても絶対手なんてあげへん。みんなに注目されんのがすごく嫌やったから。**でも、そんな内気な自分が嫌で変わろうと思ってた。**今は、まったく恥ずかしがり屋じゃない。なんで、そんな変われたかというと、それは、やっぱり友達の存在やねん。クラスに友達がおれば、オレが授業中なんか発言して失敗しても、合いの手入れたりしてフォローしてくれんねん。そうやって、友達がオレに自信をもたせてくれたから、大倉士門は変わることができてん。**自信をもつのも、内気な性格を直すのもすべては友達。友達ができれば、そこが克服できる。1人で変わろうと悶々と悩んでも解決しない。まずは、友達をつくること。それがすべてを解決させる方法やねん。**とはいっても、どうやって友達つくんねん!! って思うかもやけど、それは次の章でじっくり解説するで!!

Lesson 1 自信をつける技術

1 友達のつくり方教室

Question 匿名希望

高校入学を機に変わりたい!!

私は小学校・中学校とマジメに過ごして高校に入って少し変わろうと努力しています。でも、中学校からの友達は「キャラちゃうやん!! やめときって!!」って言うんです。私は変わりたいと思うけれど友人関係も大切にしたいんです。どうすればいいですか!?

Answer 1 最初は人のマネしてキャラを演じてええねん!!

　自分を変えたいと思ったら、高校や大学進学を機に、イメチェンしてみるのはいいタイミングやと思う。友達に何か言われても、それはチャレンジしてみないと、あとで後悔するって。『変わりたい!!』と思ったら、それはチャンスなんや。そんで、その変化についていいも悪いも友達が意見してくれるもんやったら、ラッキーと思ってその意見も取り入れる。こうなりたいって明確な目標があって、**そのキャラになるために誰かの何かをマネしてやっていても、それをずっと演じていれば、いずれ自分のオリジナルになる**。それで、ふとしたときに、自分にはこっちのほうが似合うとか、自分自身の考えがプラスされてなりたい自分へと近づけていくんやと思う。どんな小さなことでも、まずは1歩踏み出してみて!!

Lesson 1 自信をつける技術

オレも昔はずーっとチビで
コンプレックスの塊やった。
自信なんてぜんぜんなかったで。

　オレも昔はぜんぜん自信がなかった。大学1年まで身長は伸びなくて、クラスではいつもいちばん前。ずっと小さかったのがコンプレックスだった。小学校から「可愛い」って言われ続けて、1回も「カッコいい」って言われたことなんてなかったし(笑)。でも、背が小さいことって、努力したってどうにもできんやん。そのことで、悩んでてもしゃーないやん。だから、今の自分を受け入れるしかない。理想ばかり描いて、そこで立ち止まってるんじゃなくて、自分自身を理解しなきゃ始まらんなって。何をしたら自分はよろこぶのか、何をしたら自分はつらいのかを把握する。オレの場合は、当たりまえかもしれんけど、人からほめられるとうれしいし、嫌われるのはつらい。だから、得意やった勉強と走ることをとことん伸ばそうって。そんで、がんばってたら他人からほめられるようになってん。オカン以外からほめられるってこんなに気持ちいいんやって。それがだんだん自信につながってった。どんなことだって他人が認めてくれれば、それが自信につながるんやって!!

小学校のころに、西表島に家族で行ったときの写真。サッカーをやってたから、学年の誰よりも色が黒かった。元気やけど、めっちゃ寂しがり屋やった。

小・中・高とクラスではつねにいちばんチビ。カッコいいと言われることはいっさいなく、可愛いばっか言われてた。でも、走るのはすごく得意やった。

Lesson 1 自信をつける技術

自信がないA子の アゲ↑サゲ↓思考パターン

どーせ、私なんてデブだし、ブスだし…

**自分の得意分野を
とことん伸ばして、
他人にほめて
もらうこと**

アゲパターン

| 見た目には自信がないけど、ヘアアレンジは得意 |
↓
| 自分の得意なヘアアレンジをもっと極める |
↓
| 「ヘアスタイルがおしゃれ」ってほめられた |
↓
| 自信がもてた!! |

サゲパターン

| 他人と比較してばかりで、自分のいいところが見つけられない |
↓
| まわりから見ても私には魅力がないだろう… |
↓
| 何事にも消極的 |

1 友達のつくり方教室

#second lesson

友達のつくり方教室 **2時間目**

ポジティブになる技術

ポジティブなイメージがあるかもしれんけど、じつはオレも、めっちゃ悪いほうに考えるクセがあんねん。でもな、それってもったいないなって気づいてん。心の強いポジティブ野郎になったほうが、人生、何倍も楽しいやん!!

Question しおゑる
私の悪口を言ってるんじゃないかって気になる
学校でのイツメンが3人なんだ! それで、私以外の2人が仲良くて話に入っていけないし、なんか隠し事とかあるっぽいんだよね。

Answer 1
だいたいは自分の思い込みやで!!

Answer 2
ネガティブに考えてる時間がもったいない!!

1 友達のつくり方教室

　オレもめちゃめちゃ気にしいやから、3人でいても、他の2人がコソコソ話してたら、「オレの悪口言ってんのかな?」って思っちゃうし。彼女がいたとしても、連絡が取れない時間が長いだけで「アイツ、浮気してんとちゃうか?」とか勝手に思っちゃうようなネガティブなヤツやった。ムダに悪いほうに考えてつらいっていう…。でも、そんなこと考えても仕方がないやんって気づいて…。**良く考えようが、悪く考えようが、結果は決まってんねんから、そのクヨクヨした時間がもったいないって。**それやったら、いいほうに考たほうが、同じ時間も楽しく過ごせるやん!!

　そう考えられるようになったのは、大学受験が大きいかも。試験が終わって「あー、オレ最悪だ…」って、発表までの2週間を不安のまま過ごすのか、「よっしゃ!!やることやったからコレで受かんなかったらしゃーない」と思って、2週間、晴れやかな気持ちで過ごすのか。どっちがええかっていったら後者でしょ。それにね、今までいろんな人を見てきて思ったんやけど、**ネガティブな人間には、人は寄ってこない。ポジティブな人間に人は寄ってくる。**「アタシ、ぜんぜんアカンねん」ってより「アタシはこんだけやってるから大丈夫だ」って人の近くにいたいのが当たりまえ。そういう人と一緒にいたら、自分も一緒にアガっていけそうやん♪

Lesson 2 ポジティブになる技術

Answer 3

絶対に後悔だけはしたらアカン!!

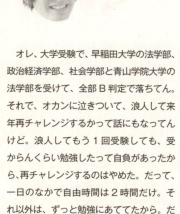

　オレ、大学受験で、早稲田大学の法学部、政治経済学部、社会学部と青山学院大学の法学部を受けて、全部B判定で落ちてん。それで、オカンに泣きついて、浪人して来年再チャレンジするかって話にもなってんけど。浪人してもう1回受験しても、受からんくらい勉強したって自負があったから、再チャレンジするのはやめた。だって、一日のなかで自由時間は2時間だけ。それ以外は、ずっと勉強にあててたから。だから後悔はしてへんし、これから1年、勉強を続けても結果は同じだろうと。精いっぱい、勉強してきたから、もう1年なんて、ほんまにこれ以上がんばれへんわって。それで、最終入試を3月末までやってたのが、日本大学しかなくて。日大の法学部を受験して受かって、今にいたる。

　今も、早稲田大学の前を通ったら「くそぉ」ってなるけど、後悔はしてない。だって、そんだけがんばったから。きっと、1年浪人して受験してたとしても、受かったとは思えへんし、ほんまにムリやったんやと思う。**そんだけ一生懸命やっとったら、どんな結果でも納得できんねん。中途半端なことやってたら、人のせいにしてしまったり、こんなんじゃなかったってグチグチした思いも出てくる。**後悔しないためには、何事も一生懸命じゃなきゃダメなんやって気づけた。

Lesson 2 ポジティブになる技術

Answer 4

自分の直感を信じろ!!

AとBという選択肢があって、その分岐点にいたとき。AがいいかBがいいか、悩んで悩んで悩んだあげくに決めたら、その結果が違った場合、「あ——、なんでそっちにしなかったんやろ」って後悔すんねん。だから、そういうときは直感で決める。「なんかAっぽいな」って、**パッと思いついたほうを選んで。結果、間違っても、悩んでも結局Aを選択してたやろうし、しゃーないわって。**ほな、アカンかったぶんの穴埋めをこれからしましょって。オレも、根っからの優柔不断なんで。

1 友達のつくり方教室

間違った選択やったらしゃーないわ

#third lesson

友達のつくり方教室
3時間目

人見知りを克服する技術

ぶっちゃけ、オレ人見知りしたことないから、ぜんぜん気持ちわからへんねんけど…。でも結局、〝人が好き〟〝人に興味がある〟って気持ちを大事にしてたら、おのずと緊張もとれるし、会話の糸口も見つかると思うで〜♪

すずか♡

人見知りが激しい
私は人見知りが激しくて友達の範囲も狭いし、慣れるまでに時間がかかります。とくに男のコとなんて普通に話せません!! 誰とでも仲良しな士門クンがうらやましいです!!

とまん

初対面のコと何を話したらいいかわからない!! 何を話せば仲良くなれるかな?

\Answer 1/

自分を知ってもらうまえに、その人を知ろうとすること!!

そもそも、人に話しかけるまえに「あの人に話しかけて無視されたらどうしよう?」とか「話が続かなくて気まずくなったらヤダな」って思う意味がわからん。何もアクションを起こしてもないのに、何がわかるん?って。それやったら、「あのコに話しかけるのに、どういう話が好きかな? 盛りあがるかな?」って考えたほうが、よっぽど有意義。「クマのキーホルダーつけてるけど、あのキャラ好きなんかな?」とか「あの人、地元どこなのかな? 共通の友達いるかな?」とか。自分が相手にどう思われるかより、その相手に対しての想像を純粋に膨らませる。

人になかなか話しかけられないっていうのは、相手に自分がどう思われるのかっていうことがいちばん気になってんだと思うねん。まずは、自分のことをわかってもらうまえに、その人のことをわかろうとすれば緊張なんてせーへん。**そのコに興味をもてば、閉鎖的になるまえに、自然と質問したいことが出てきて話しかけられるから。**まずは、聞き上手になるべし。自分のことをわかってもらうのは、そのあとでええねん。

Lesson 3 人見知りを克服する技術

Answer 2

はじめての会話のキッカケは その人の外見や持ち物から ほめPOINTを探る!!

　初対面の相手とか、な〜んにも共通点が見つけられなくて、何から話しかけたらいいかわかんないってコ多いと思うけど。**話しかけるキッカケって、その人の見た目にヒントが隠れてんねん。**服装や持ち物なんかを見て、その人が何に興味をもってるのか、何にこだわりがあるのかを探して、それについて話しかけるのがええねんて。しかも、**そこをほめることから会話をスタートさせれば、相手も絶対、悪い気せえへんし好印象をもたれること間違いなし‼** 例えば、モノトーンの服を着ててリュックだけが黄色とか、個性的なピアスしてるとか。そしたら、そこをほめればええねん。自分がこだわったところをほめられたら、相手も「うれしい‼」ってなるやん。「そのニットめっちゃ可愛いね‼ どこの？」とか、最初の会話のキッカケとしては十分。それで、「どこどこで買ったんだ」ってなったら、「えっ‼ マジで今度連れて行ってほしい‼」とか。会話もスムーズに流れるし、もしかしたら、一緒に遊びに行く約束までできるかもしれん。ヘアスタイルや、ネイルなんかも「可愛いね、どこのサロン通ってるの？」なんて、いい会話のキッカケになるで。これは、同性だけじゃなく、異性との会話のキッカケとしても使えるで‼

Lesson 3 人見知りを克服する技術

1 友達のつくり方教室

ほめテクは同性の友達だけじゃなく異性との会話のキッカケにも役立つ!!

そのサイフカッコいいね!!

●●ってブランドなんだよ

ほんとに!! ずっとそこ気になってたの

えー

そうなんだ 今度一緒に行ってみる?

うん!!

その人の持ち物に会話のヒントが隠れている!!

初対面でも話が盛りあがるのが地元ネタ

知らない人と友達になるには、その人との共通点を見つけることがいちばん近道。そこで、やりやすいのが地元の話。例えば、「どこ中？」とか「何県出身なの？」とか。そこで、共通の知り合いがいたらラッキーやし、何も共通点が見つけられんくても、「そこには何があるの？」とか「そこ出身の有名タレントは？」なんて、質問しまくれば会話は盛りあがる!!

狙ってるコがいたら好きなものを事前に調査!!

仲良くなりたいターゲットが決まってたら、会うまえに、その人のことを下調べをしておく。でも、実際、調べたことは、その相手には言わなくてええねん。例えば、好きな食べもんや血液型とかを共通の友達にリサーチかけておいて、会ったときに「好きな食べ物なんですか？　パスタ!!　えっマジ!?　アタシと一緒じゃん!!　じつは、すごくおいしいパスタ屋があって、今度一緒に行きません？」って、自然に誘えるやん。そんなふうに、いろんな会話の伏線をはっとくねん。このテクは、好きな人に対しても使えんで!!

Lesson 3 人見知りを克服する技術

1 友達のつくり方教室

Question
人に合わせて話してばかりで疲れちゃう

どうしても人に合わせて話すことが多々あります。そして、疲れます。こんなこと言うと嫌われるかな、とか考えながらいつも発言しちゃうんです。どうしたら、もっとラクに話せますか？

あやち

Answer 1
素直な気持ち言って 引くような友達はいらん

嫌われたらどうしようって思うのはみんなそう。でも、ほんまの友達ってのは、自分が思ったことをパッと言っても、それを全部受け止めてくれるヤツ。**素直な気持ちを言って、引くようなヤツはしょ**せんそれまでやし。それは、友達として**人間として相性が合わんかったってこと。**一度、ぶつかって相手の反応を見たほうがいい。思ってること言わんと1人で抱え込んでたら、自分が損するだけやで。

Question
大人数の輪のなかになかなか入れない

大人数で話をしたりするときに一歩身を引いちゃう自分が情けないので、明るい性格になって専門学校デビューしたいです！

はまた@チキン

Answer 1
意外としゃべらんヤツが 信用されるんやで!!

明るい性格が一概にいいというワケではない。意外と、アイツにしゃべっても明るいだけで話に向き合ってくれへんってなるし。結局、**明るいだけじゃダメで、しゃべらんヤツのほうが信用されたり、**重要なポジションだったりすんねん。その場をムリに盛りあげようとせんでも、いるだけでOKやねん。ただ会話に入れんかったとしても、**リアクションだけは大げさに楽しそうにすること!!**

#fourth lesson

友達のつくり方教室 4時間目

友達を倍に増やす技術

大学入学のために上京した4年前は、東京に友達なんて1人もおらんかった。それがこの4年で、友達の数は1200人までに!! いかにして、オレが友達を倍々に増やしていったか教えんで!!

---

question

あんぬ

大学デビューで新しい友達が欲しい
この4月から大学1年生です。新しい友達のつくり方を忘れてしまったので教えてください!! 中高女子校育ちで、誰にも気をつかわずに過ごしてきてしまったので、初対面の男の人の前では、女のコらしくあるべきか、ありのままでいいのか、わからなくなってしまいました…。

question

かすさ@にこちゅう

もっと仲いいコを増やしたい!!
仲いい友達がほんとに少なくて、まわりのコは仲いいことかたくさんいるんだけど私だけ…。 どうやったらみんなと仲良くなれる?

Answer 1
高校、大学デビューでスベらないためには下準備が必要やで!!

1 友達のつくり方教室

　ズバリ、新学期の4月からゴールデンウイークまでが勝負。**この時期は、みんな本気で友達を増やそうとして、ウエルカム状態やから、どんだけ自分が殻を破ってしゃべっても、相手から嫌だって思われない。**
　オレの場合は、大学の入学式まえに、まずフェイスブックやSNSに「平成◯年度◯◯大学入学者の集い」みたいなのがあるから、それに入って入学式まえにそこのヤツらと会っとくねん。そうすると、入学式当日にはもう何人かでつるめるっていう。そうやって、初日から大人数でおるヤツって強いやん。同級生たちから「アイツら、イケイケやな」って思われて。でも、実際しゃべってみたら「べつに怖いヤツやないやん!!」みたいなかんじで、ドンドン人が集まってくんねん。
　この時期に、自分から殻を破って一歩踏み出さなきゃ、友達はいつになったってできひんで。待ってるだけじゃダメ。話しかけて、拒否されたらどうしようとかも思わないで。自分抜きのグループができあがってしまったら、一生そのままだし。クラスには、自分と合うヤツが必ずいるから!! そういう共通点があるコを見つけて話しかけること!! そんで、**仲良くなったコができたら、次会うときに、お互い相手と気が合いそうな友達を連れてきて4人で会うねん。** それをくり返していけば、ほんまに友達が倍々に増えていくで!!

Lesson 4 友達を倍に増やす技術

question

共通の趣味の友達がいない!!

K-POPが好きなんだけど、まわりにそういうコがいなくて話が合わないから、なんかもの足りないの。

あーやん

Answer 1

趣味友を増やすなら SNSが手っ取り早い!!

SNSで同じ趣味のコを見つけたら「私も○○が好きなんです」ってメッセージを送れば、たいがいのコは、フォローやリプしてくれる。そうなったら、ダイレクトメッセージを送って、イベントに行く約束をしてみるとかね。そういう場がなかったとしても、同じ趣味のコたちを集めてみんなで会うとか。ただし、SNSの知り合いと会うのは同性のコ限定が安全!!

question

遊びに誘われてもめんどくさくなっちゃう…

遊びの予定立ててるときはいいんだけど、当日になるとめんどくさくなって、ドタキャンしちゃうことも…。

なぎさ

Answer 1

フットワークは 紙切れよりも軽くしとけ!!

オレ、明日がオフってわかったら、その日のうちにチケット取って北海道に行ったりするほどフットワーク軽いねん。だって、**そのとき思いついたことをそのときにやんなきゃ、もう二度とそのアイデアは実行できひんやん。** 友達からの誘いも、どんなに予定があったとしてもなんとか会おうとする。断ってばかりやったら、もう誰も誘ってくれへんで。

050

Lesson 4 友達を倍に増やす技術

Question

リンゴ農家

既読スルーが気になる

部活で仲いいコ同士で、グループLINEやってるんだけど、よく既読スルーされる…。それが嫌で、なかなか自分から発言できない…。

Answer 1

オレだって、めっちゃ既読スルーされてんで!!

1 友達のつくり方教室

既読無視なんて当たりまえ。オレもしょっちゅうされてる。グループLINEやからこそ、オレじゃなくても誰かは返すやろって日本人の思考やね。べつに、嫌いで返さないわけじゃない。グループをつくるくらいなんやから仲がいいってこと。既読無視されたとしても、ヘコむんじゃなく個人単位でもう一度LINEしてみて。それよりも、注意すべきは、特定の人にしかわからないトークをすること。みんながわからない個人的な会話をしたかったら、個人に送ったらええやん。自分が知らんネタで盛りあがられたら傷つくやろ。

ちなみに、オレらのグループLINEなんて、こんなもんやで!!

Lesson 4 友達を倍に増やす技術

Question

信用できる友達が欲しい
本当に信用できたり、いつもそばにいてくれるような友達が欲しいです。

Lemonnn♡@にこちゅう

Answer 1

八方美人と言われても調子がいいヤツと言われても人の悪口言ったら絶対にアカン!!

信用できる友達をつくりたいなら、まずは自分が信用できる人間になること。いちばん簡単なのは、〝人の悪口を言わないこと〟。人の悪口言ってたら、どんな仲いいコでも信用されへん。人の悪口言うコって、もし何かあったら自分の悪口も言うってことやで。例えば、「私、○○チャンのこと嫌いなんだよね」って言われて、共感したとしても「え、私もムリー」ってその話にのっちゃダメ。そこは「あのコ、こういうところあるもんね」とは共感しても「でも、あのコ楽しそうだからいいんじゃない」って話を流す。そこで、悪口を言い合ったとしても、一瞬はその場は盛りあがるかもしれへんけど、それでできた友情関係なんて長続きせーへん。その後、そのコとケンカしたりしたとき、今度は自分が、そのコに悪口を言われる番になるから。悪口言ってるヤツって、「アイツは人の悪口ばっか言ってるから関わらんほうがええ」ってウワサがすぐに流れてくるからね。八方美人と言われても調子のいいヤツと言われてもいい。人の悪口だけは言うたらアカンで‼でも、ほんまにどうしようもないってときは、誰にも言わないって信用してるコにだけ言う。悪口ってため込んでても良くないからね。悪口っていうかグチかな。

人の悪口にのっかったＡ子の顛末(てんまつ)

友達の意見には共感したとしても…

Lesson 4 友達を倍に増やす技術

question

後輩との壁を感じる

他のコは、後輩に慕われてるんだけど、なんか私には壁があるみたいで…。もっと仲良くなりたい。

PiPi

Answer 1

後輩に悩みを吐かせて、とことん聞き役に!!

相談とか話を聞いてあげるのがいちばん大事。「最近、つらいことない?」とか、ごはんとかに連れてったときに、それとなく聞く。自分からは言いづらいやろうから、最初のひと言はこっちから。そうすると、だいたいポロッと何か打ち明けてくれたりする。そんなときに、的確なアドバイスや適格な人を紹介してあげるとか。あと、ごはんは、一応おごってあげること!!

question

部長になったけど、自信がない!!

部活の部長を任されています。自分の技量も部長の器でもないし、リーダーシップもしっかり取れる自信もありません。

あゆみ . #Däf

Answer 1

自信なくってもええから「私についてきて!」って一発かます!!

自信がなくても弱気なことは言ったらアカン。そしたら、「こんな人にはついていけない」って誰もがなるから。なめられないためにも最初に「私がリーダーになるからには、本当にがんばるからみんなついてきてね」って言いきることが大事。突き通したら、絶対、みんなついてきてくれるから。後輩には弱みを見せんと、悩み事があったら先輩に相談すること。

Lesson 4 友達を倍に増やす技術

Question
先輩に可愛がられたい!!
ウチの部活は、めっちゃ上下関係が厳しくて、一度先輩に目をつけられると、口も聞いてくれないの。

フレッツ新潟

Answer 1
先輩に心を開かないと相手も開いてくれへん!!

友達のつくり方教室

先輩に礼儀正しいっていうのは当たりまえ。ただそれだけじゃ、可愛い後輩にはなれへん。**メチャメチャ礼儀正しくても「コイツ何考えてるかわからんな」って思われたら、先輩からは終わりやん。**だから、先輩には赤裸々に自分の悩みでもなんでも言う。「今、こんなことで悩んでるんですけど、どうしたらいいっすかね」って頼る。〝慕ってます〟って全面に出すねん。そしたら、「こいつなんでも私に話してくれるな、可愛いヤツやな」って先輩も思ってくれるから。そんで、また今度、ごはん連れてこってなんねん♪

ちなみに先輩にごはんをおごってもらったら、こんな LINE を返してる

> ●●さん！今日は本当に初めましてなのに優しくしてくださってありがとうございました！これからも、大倉士門頑張りますので、公私ともによろしくお願いします！ご飯もご馳走様でした😊
> また近々ほんとに誘っていただけるなら、飛んでいきます↑!
> 夜遅くにすみません！
> ゆっくり休んでください🎵

友達のつくり方教室のまとめ

出会いは一瞬、
出会えば一生。

オレが上京した4年まえは、東京に友達が1人もおらん状況やった。毎日、1人でおってインターネットでいろいろ調べたり、浅草に行ったことないから行ってみようって1人で行ってみたり。それから、大学に入って1人、2人と友達が増えていき、今では全国区で何十万人からも知ってもらえる存在になってる。

みんなも、まわりの人たちを思い浮かべてみて。今、ここに自分がおるのは、すべて人のつながりやねん。はじめてオレが読者モデルとして雑誌に出たのは「Popteen」なんやけど、たまたま表参道を歩いてたら、編集の人にスカウトされたのがキッカケやった。その瞬間、そこを歩いてたからこそ出会えたわけやし、その一瞬の出会いがなきゃ今のオレはおらへん。そのスカウトしてくれた人とは、編集部が替わっても、たまにごはん行くし。

ほんま、一瞬、一瞬の出会い。その出会いを1つ1つ大事にしていったら、ほんまに人間関係は深まっていくねん。そのときは、ちっちゃな出会いと思っても、それが後にスパークすることもある。だから、ちっちゃな出会いも、なあなあにしてはアカン。どんなにしょうもないヤツでも、コイツと今出会ったということは、自分にとってなんらかの意味がある。これは、何を学ばせるために出会ったんやろう。コイツからオレは何を学んだらいいんだろう。どんなに、しょうもないヤツに思えても、学べるところは必ず1つはあるから。そんな1つ1つの出会いを大切にしてたら、将来につながるなんらかの花が咲くと思う。自分1人の努力でできることなんて、限界があるからな。

Lesson 4 友達を倍に増やす技術

1 友達のつくり方教室

大倉士門が、人づき合いで大事にしてるモットー

1. ウソをつかない
2. 隠し事をしない
3. 約束を守る

> この3つさえ守っていれば、絶対に人に嫌われない!!

SHIMON'S MANUAL
CHAPTER

特別講義
夢の叶え方

みんなからの悩みを募集したら、
将来に対する不安の声がたくさん寄せられた!!
そこで、特別講義として、
オレなりに夢について考えてみた。
将来に対する悩みはみんなもオレも一緒やで。

夢の叶え方教室
士門先生のあいさつ

メンズ読者モデルってだけで

　こんどうようぢ、藤田富、大倉士門。読者モデルとして有名な3人がおる。今は、それぞれの道でがんばってんねんけど、昔は今ほどメンズ読者モデルの地位が確立されてなくて、その3人で「のし上がっていこうぜ」って、よく話してたことがあってん。そんときに、それぞれ人気はあんねんけど、「オレたちイケイケなんです。数字持ってるんす」って、オトナたちにアピールしても、「ただの読モでしょ。チャラチャラしてるだけで何もできないでしょ」ってバカにされて。世間からはぜんぜん、相手にされなかった。それが、メチャメチャ悔しくて…。それで、こんどうようぢはアーティストに、藤田富は俳優に。オレはバラエティーと俳優にって、それぞれの道に進んだ。まだまだ、発展途上やけど。

　読者モデルって、すごくバカにされることが多いねん。道を歩いててもめっちゃ声かけられるし、ツイッターのフォロワーも多いのに、なんでこんなにバカにされるんやろって。確かに、ステージにパッと立たされて、マイク1本持たされて、ハイ、何ができますか？って言われたら、なんにもできんのが正直な話。

　オレは、表紙や連載とかモデルとしてやれることは全部やってきた。モデルはできてるけど、ぶっちゃけ演技も歌も歌えない。何ができんねんって。それでも、オレに仕事を任せてくれた人のために、少しでもプラスにして返そうって、今はガムシャラにがんばってる。

　そもそも、芸能界への憧れは高校のころ、「可愛い」とか「カッコいい」とか言われるようになって「オレ、イケんじゃないかな」って。テレビに出たいなって、ばくぜんと思ったのが始まり。でも、現実的には、広告代理店か商社に就職しようと思ってたから、そのためには東京の大学のほうが有利やと思って東京に来た。「テレビに出たいな」とは、なんとなく思ってたけどムリやろなって。そもそも読モっていう存在も知らんかった。そやから、表参道でスカウトされて撮

最初はバカにされてた！

影に呼ばれたときも、はじめはバイト感覚やった。オレ、それまでの人生、一度もバイトしたことなかったから。そんで、撮影に行ってみたら2000〜3000円しかもらえんし（笑）。だけど、まわりには「オレ、読者モデルやってるから」って誇りをもって言ってた。その時期は、それが生きがいやった。「ギャラいくらもらってんの？」って聞かれても、まさかそんな金額だとは言えずに。オレがやってることは立派な仕事やからって自分に言い聞かせてた。

　それで、本気でこの道を進もうと思ったのは、大学3年の秋。みんなが就職活動してるときに、オレにも有名なIT系の会社からのお誘いもあってんけど、就職するか、今のままつき進むかって考えたときに、今のままで読モをやめたら後悔するって思ってん。ファンの人もいるし、素人なのにフォロワーが何万人もおるって、そういないやろなって。それを、みすみす終わらせてええのかって。オレは顔が特別いいわけでもない、特別おしゃれでもない。だけど、今なんでこんなにチヤホヤされてんねやろ？って。バカにするヤツももちろんおるけど、読モになりたい人がいっぱいおるなかで、上のほうにおるってことは、オレ、なんか持ってるんやろって。んじゃ、いっぺん行けるとこまでいったろかって。後ろを振りかえらずにもう行くで!!って。そう覚悟して今にいたる。だって、絶対に後悔はしたくないやん!!

Question ななみ

目の前の大きな壁はどうやって乗り越える？

今、ウチの前には壁があります。どうすれば乗り越えられるかな？ あと、チャンスはどうやって自分のものにする？ 今、ウチはチャンスをつぶしそうです。

Answer 1 どんなに高い壁でも土台を築けば必ず越えられる

　壁って高いから壁って言うんやで。その壁を乗り越えるには、同じくらいの高さの土台が必要。最初から、**高い壁を一気に飛び越えようとしたって、そりゃムリってもん**。だから、まずは、その壁を飛び越えるための土台を築かないといけない。その土台はどうやってつくるのかというと、しっかり、この壁を乗り越えるためには何が必要なのかをよく考える。**数学の方程式みたいなもんで、必ずその答えはあるんや**。しかも、1つやなくていっぱいある。**そんな課題を1つ1つ答えてって、その答えを積み木のように積んで土台はできていく**。1人では答えがわかんなかったら、友達や親に相談していろんな積み木を積んでいく。どんなことやってもぜったい間違えじゃないから。そうやってコツコツ1つ1つやっていったら、絶対、土台は高くなってるから。

　オレ、高校生のころ、なんとなくテレビに出たいって夢があった。だけど、最初からいきなりテレビなんて出られるワケないやん。読モをやり、イベントをやり、いろんなことをやって。**テレビに出るためのいろんな積み木を積んで、やっと今、ちょっとずつテレビに出られるようになってきた**。6年はかかってんで。

2 夢の叶え方教室

Question

♥♥ NaHo

受験勉強のやる気が起きない

今、受験生で勉強しなきゃという気持ちはあるんだけど、まったくやる気になれなくて…。士門クン流の勉強方法が知りたいです！

Answer 1

試験のあとの楽しい予定を
はげみにめっちゃがんばる

試験が終わったあとの楽しい予定をいっぱい立てる。でも、その予定は中途半端に勉強やったんじゃ楽しめない。**試験勉強を本気でやったほうが、終わったあとの楽しさが何百倍もあるんや。**より楽しいものにするために、今、つらいことを経験する。そのほうが未来は楽しい!! 勉強って、80年とかある長い人生のなかで今しかできないんやで!!

Question

ゆか

芸能人になりたい

女優、歌手として芸能界という世界に私は行きたいと思っています。でも、どうすればいいかわかりません。どうやったら夢に近づけますか？

Answer 1

好きな女優が出ている
作品をすべて見て勉強！

例えば憧れの女優さんがいたら、その女優さんが出ているドラマや映画はすべて見る。そして、その女優さんが所属してる事務所に行って、自分で実際に事務所の人に熱い思いを伝えるのが早い。今、それができなくても、**映画やドラマや本をたくさん読んで感性を磨く。**芸能人になりたいってふんわり思って、何もせず、ただ手をこまねいていてもダメやで。

question

嵐大好き♥

将来のことを考えると不安

私は、モデルになりたいという夢があります。だけど、その夢は叶わないかもしれないし、将来が不安。

Answer 1

恐怖心と闘ってないと成長できへん!!

大学3年のときに、就職はせずに、芸能界でがんばるって決意してから、つねにオレは恐怖心と闘ってる。3年後、5年後オレは何してんのやろ？　この仕事はローンも組めません。彼女がおったとしても、そのコを5年後幸せにできるのかもわかりません。そうやって、不安やからこそ、今、がんばれる。3年後、5年後、彼女を幸せにできるかわかりません。だからこそ、今、精いっぱい彼女につくす。まあ今、彼女おらんねんけど…。

未来が不安やからこそ、今を一生懸命がんばる。そういう考え方で生きてる。

これって、芸能界だけに言えることやなくて、受験勉強とかでも受かるかなって不安やからこそ、もっと勉強せなってなるワケでしょ。何事にも言えんねん。ネガティブなワケではないけど、**後ろから自分のケツを叩いてくれる何かが必要やねん。その何かが〝不安〟なんやと思う。**未来に対して不安やから、もうムリってなるんやなくて、不安やからこそ今をがんばる!!ってこと。不安とネガティブな感情は違う。「オレは、まだまだアカン。よっしゃ、もっとがんばるで!!」ってふるい立たせるのが、いい不安なんや。

夢の叶え方教室 2

question / Rey

くだらない夢は見るなって言われて…

私は、秋田県で弾き語り活動をしています。東京でも活動したいと考えてるんですが、親に「くだらない夢を見るな」と言われます。私の夢はくだらないですか？

Answer 1

後悔したくないって言えば親もわかってくれるハズ

オレも最初は、親にめっちゃ反対された。高校1、2年のころにテレビに出る仕事がしたくて、真剣に親に言ったことがあんねん。「ムリかもしれんけど、オレの人生やから、1回本気でやらせて!! やらないと絶対後悔するから」って、真剣に伝えた。親も、「アンタは1回、自分で決めたことは何を言ってもきかないから」って言って認めてくれた。

question / ななみん

期待されるとプレッシャーがキツい

イラストが得意なんですが、学校の広報誌の表紙を私が描くことになり、今すごく不安です。将来は、アニメーターになりたいのに、こんなんじゃダメだよね？

Answer 1

オレに頼んでくれたんなら、0.1でもプラスにして返したい!!

オレは10の仕事をやれって言われたら、なんとかして10.1にはして返そうと思ってる。忙しいからってテキトーにやったら、オレに頼んでくれた人が「こんなヤツに頼まなきゃよかった」と思うかもしれん。結果、一生続いたかもしれん関係が、一瞬で終わんねん。相手が求めるものの0.1でもプラスにして返そうってやり方で、なんとかここまで上がってきた。

SHIMON'S MANUAL
CHAPTER

3

彼氏の つくり方 教室

オレだけやなく、いろんなメンズから調査した結果、
男はどういう女のコにひかれるのか?
どんなふうにアタックされたら、
コロッと落ちてまうのか、徹底的に教えるで!!
とくにLINEテクはテストに出るで!!

彼氏のつくり方教室

士門先生のあいさつ

みんな、もっと
胸キュンしていこうぜ!!

　オレの恋愛体質をひと言で言うと、純粋なコに弱い!!　どうしようもないコが好きやねん。もともと、長男だからってのもあるけど、オレがいなきゃコイツダメやんっていうような妹っぽいコにひかれてまう。週に1回しか会わないようなつき合いよりは、毎日会う恋愛が好きで、だいたい1年くらいはつき合ってるね。彼女にあきるなんてことはなくて、どんどん好きになってくねん。そんで終わる原因は、オレからってよりは彼女がほかの男に心変わりしてしまったとかが多いかな。そういうことが一度でもあると、少しでも彼女と連絡が取れない時間が長いだけで、「また元カレのところにいんのかな?」とか「ほかの男と会ってんのかな」とか心配がすごくデカくなってくねん。そのコたちが純粋やと思ってたぶん、裏切られた感がデカい。だから、浮気するようなコは絶対アカン!!　オレがシット深くなったり、心配性になってしまったのは、そういう経験があるからかもな。

　過去の失恋のショックで、いろんな女のコを知ろうとして遊んでた時期もあったけど、今は彼女はつくれない。いいなって思うコがいても深入りできない。だってオレ、つき合ったら毎日会いたい人やから。イベントや仕事で月の半分も東京におらへん今の生活じゃムリ。そんな毎日、彼女に会えないなんて寂しいし、「アイツ、今1人なんやな」って思ってたら、地方の仕事にも集中できない。

　今、彼女はおらんけど、オレにとって女のコはキュンキュンさせてくれる大切

な存在。それは男同士ではありえないし。キュンキュンしてるって感情が、楽しいとか、うれしいとかどんな感情よりもスゴいと思うんや。だって、ほんまに心臓がキューッてなる感情ってスゴくない!? ほかじゃありえないから、ちょっと神秘的なとこもある。例えば、鳥肌も脳で指令を出して立つんやなくて、ほんまに自分の感性が思ってるからこそ、先に鳥肌が立つんであって、胸キュンもそんなかんじ。オレにとって胸キュンって、相手の行動の何か1つによって、自分の思考とは関係なく体が反応してしまう現象。脳みそだけでなく、オレの体全身でその女のコを見てる感覚。なんか、全身が1つになっていくかんじがすんねん。頭の中で「このコいいなっ」て思うんじゃなく、体がこのコを求めてるんやなって。そのシグナルを無視することはできない。その感情を止めようと思っても、それは止められない!!

　反対に、自分のなんらかの言動で、相手が胸キュンしてくれたらうれしいし。大倉士門はキュンキュンのトリコ。キュンキュンするのもいいし、させるのも大好き。もっと、世の中の人がお互いにキュンキュンさせることができたら、ハッピーな世界になれるのにな〜。だから、みんなもっと恋してキュンキュンしていこうぜ!!

#first lesson

彼氏のつくり方教室
1時間目

好きな人をつくる技術

「彼氏欲しい」ばっかり言ってる時期はじつは危険!! 男のハードルが下がって、1つでもいいところがあったら、すぐつき合っちゃう!! そんでこんなヤツやなかったって即別れるなんてことも!! まずは、本当に好きか考えて。

Question

匿名希望

好きという気持ちがわからない

今、私は自分の気持ちがわかりません。どんなことが当てはまれば、どこからが「好き」ということなんでしょうか。男子にとって何が好きの合図なんでしょうか?

Answer 1

シット心が芽生えたらそれは恋!!

いちばんわかりやすいのはシット心。例えば、男友達がほかの女のコと冗談で手をつないでたとして、そこに恋心がなければ「アンタ、何してんねん!!」って笑い飛ばせるけど、**ちょっとでも恋心があったら胸がチクッと痛むねん。**シット心を自分で感じる瞬間がある、それが好きって気持ちだと思うで。

question

なん

現実の人を好きになれない
イケメンが好きで現実を見られません！どうすればいいですか～(；＿；)♡

Answer 1

非現実なイケメンに
胸キュンしててOKやで!!

イケメンが好きっていいじゃん。ずっとアイドルが好きだとしても追っかけていいと思う。そこで、現実見ろっていうのは間違ってる。そんで、**ふとしたときに、好きな有名人の要素を少しでも含**んだヤツがふらっと現われるもんやから。ムリに彼氏をつくろうとせず、それよりは、好きな有名人に胸キュンで幸せにしてもらったほうがええやん♪

question

イチゴ

もう20歳なのに、誰ともつき合ったことない!!
イマイチ好きな人いないんだけど、とにかく彼氏というものが欲しい!! まわりはみんな彼氏いるし。なんかあせる…。

Answer 1

あせってもロクな男は
つかまらへんで～!!

彼氏が欲しいってあせってもいいヤツとはつき合えん。そういうときこそ、自分には何が必要か。**恋愛を二の次、三の次にして、今、自分がほんまにやる**べきことを集中してがんばる!! それが、将来につながることかもしれん。自分の目の前にあることをがんばってたら、それに見合った男性がいつか絶対に現われると言いきれる!!

Lesson 1 好きな人をつくる技術

Question

ゆめ

好きな人にはほかに好きな人がいます

好きな人がいます。その人には彼女がいます。私はよくその人と連絡を取り合いますが、やっぱり彼女がいるので…。こういうときの恋ってあきらめたほうがいいですか？

Answer 1

本気で好きやったら略奪してもええと思う

その男の人は幸せそうですか？　私のほうが彼を幸せにできんのに!!って、ちょっとでも思うんやったら略奪してもいいと思う。その好きって気持ちを大事にしたほうがいい。**でも、自分が略奪してその男とつき合えたとしても、いずれ同じことをされるかもしれん、そんな覚悟が必要。**それでもその男とつき合いたいって言うんやったら、あきらめなくてもええと思う。

Question

匿名希望

彼の思わせぶりな態度に…

好きな人には彼女がいるんだけど、すごく思わせぶりな態度とられてムダに期待しちゃうんです。でも期待すると最後は落とされるので、期待しないようにしてるんだけど、思わせぶりな態度とられるときつい…。どうすればいいですか？

Answer 1

その男は、ただ遊びたいだけ。あっさりかわしたほうがいい

なんで私にやさしくするのか、その男に聞いたらいい。**彼女がいるのに、ほかの女に思わせぶりの態度をとる男なんて最低。**そういうのは、「アナタには彼女がいるのに、そんなことしちゃダメ」って、あっさりとかわしたほうが無難。そういう浮気性の男は、つき合っても同じことくり返すで。**男は遊びたい時期っていうのがあるから、きっとその時期なんじゃないかな？**

Lesson 1 好きな人をつくる技術

彼氏のつくり方教室 3

Question
優希

妻子のいる学校の先生のことを好きになっちゃった

いけないことだとはわかっているんです。でもやっぱり好きなんです…。先生が教えてくれている教科は一生懸命やっていたり、笑顔を心がけたり、先生のためにいろいろがんばっています。先生が私のことをいいなって思ってくれるアピール方法が知りたいです！

Answer 1

女として見られるより、良い生徒を心がけること!!

女として可愛いって思われたいって気持ちは先生にとっては重いから、気持ちとは反対に、避けられてしまうかも。先生は妻子持ちやし、**出会うには遅かったんや**。それは、恋愛に関してはよくあること。それよりも、キミにとって先生は理想の人やろ。そうやって、**理想を教えてくれたことに感謝して、次に進むしかない!!**

Question
匿名希望

ブスだから友達にも恋バナできない…

気になる人がいるんだけど、友達に相談したら「ブスが何言ってるの？」とかなっちゃいそうで怖いです…。どうしたら友達にも応援してもらえますか？

Answer 1

恋の相談もできない相手は友達じゃないよ!!

恋愛相談してそんな態度とられたら、それは友達じゃないよ。ひどすぎる。**まずは、友達の恋を応援できる人間に自分がなること**。そうすれば、自分が恋したとき、絶対に友達も応援してくれるハズやから。友達に「今、好きな人いるの？」って聞いて、恋バナで盛りあがってから、自分の話をしてみるとかね。まずは、恋愛よりも信頼できる友達づくりが先。

#second lesson

彼氏のつくり方教室
2時間目

彼を胸キュンさせるトーク技術

恋の始まりは、顔だけやない。一緒にいて楽しい、癒やされるってのがすっごく大事。そこで、見た目に自信がなくても一発逆転を狙えるトーク術を教えんで!!緊張して話しかけられないってコも任せとき♪

question

スヌーピぴ

緊張でうまく話せない!!
高校に入ってもう1年以上片思いしてます。だけど、クラスも2年になって別々になり、話すキッカケもないし、もし何かあって話すことができても緊張してうまく話せません。

question

うらら

好きな人と少しでも緊張しないでしゃべられる方法を教えてほしい!!

\Answer/
1

男子からしたら緊張してる姿ってめっちゃ可愛いねん!!素直に出してこ!!

そりゃ、緊張はするやろ。鳥肌はウソつかないって言葉があるように、**その緊張がアナタがその男を好きって証しなんやから**。落ち着いてその気持ちを大事にしていこう。素直に緊張してるコって可愛いよ。震えてたり顔がまっ赤だったり、そんな姿って、男からしたらめっちゃ可愛いし、「大丈夫か?」って守ってあげたくなんねん。それは、どんな男が見てもいとおしいって感じると思う。緊張してる、素直な気持ちが可愛いねん。これが、**緊張の裏返しで素っ気ない態度とられても、それが好きの裏返しなんて男は気づかへんし。そこは、素直に緊張してこ!!** うれしいときは、うれしい。楽しいときは楽しい。そういう感情を素直に表現してくれるコがオレはいちばん好きやから。

Lesson 2 彼を胸キュンさせるトーク技術

Question

りなぽぽ ゆらばー

話しかけるキッカケがわからない

同じ部活の先輩に恋をしてます!! 話せるキッカケを教えてください!!

Answer 1

1日、1回はどんなことでもええから話しかけること

　いきなり「好きです」とか言おうとするから緊張するんであって、毎日、少しずつ話しかけて段階を踏むっていうことは、成功のために大事やで。**そうやって、ジャブを打ってくことで緊張もほぐれる。**同じ部活の先輩やったら「フォームがうまくできないので、教えてもらえませんか?」とか「今日、暑いですね」なんて、ささいなことでもええねん。1日1回は話しかけるってことを日課にしてみて。同じクラスの男のコやったら、「次の試験範囲ってどこだっけ?」とか、「あれ、今日掃除当番なの? がんばってね」とか。**どんなことでも女のコから話しかけられて嫌な男なんておらんから!!** もし、男が素っ気ない態度をとったとしても、あっちも恥ずかしがってるだけやから、気にせんでええで!!

Lesson 2 彼を胸キュンさせるトーク技術

3 彼氏のつくり方教室

Question 匿名希望

男子同士でいつもつるんでて話しかけにくい

好きな男子がいるんですけど、お互いに消極的なのでまったく話せません…。しかも、ほかの男子といるので話しかけるタイミングもありません（ｉ＿ｉ）。どうやって話しかければいいでしょうか（；；）。

Answer 1

男子が大人数でいるときは話しかけたらアカン!!

男子が大人数でつるんでるときは、絶対に話しかけちゃダメ。**男側もペースを乱すし、話しかけられたヤツも、まわりから冷やかされたりしてハズいし。とにかくリスクがでかい!!** 登下校のときとか、1〜2人になる瞬間があるから、そんときに話しかけて。それも、女のコ側は2人とかで来てもらえると男としては助かる。最初から1対1は男も緊張するから。

会話のキッカケ ネタ集

「消しゴム貸して」
隣の席のコなどに有効。

「次の試験の範囲ってどこまで？」
自然に会話がつながるワード。

「昨日の◎●見ました？」
テレビドラマの話など、先輩に有効。

「今日、寒くないですか？」
共通点がない人にも万能ネタ。

ぶつかって「ゴメン!!」
不自然にぶつからないよう注意!!

「昨日、○○にいた？」
すごく○○クンに似てる人がいたと本人に確認。

「あっ忘ちゃった。どうしよう!!」
お金だったり、ノートだったり。ついでに借りてしまおう。

Lesson 2　彼を胸キュンさせるトーク技術

Question

ゆま

緊張のせいか会話が続かない

話したいことはあるのにうまく言葉に表わせなくて会話が続かない。どーしたら克服できますか…？

Answer 1

その瞬間を楽しむことに集中すること!! おのずと質問したいことが出てくるから!!

緊張してると、「次何を話そう？」とか「沈黙になったらどうしよう」ってことで頭がいっぱいになって、そのとき相手が何を言ってるのか、いまいち頭に入ってないことが多いねん。だから、**会話を続けようと頭で考えずに、その瞬間を楽しむことに集中すること!!**　楽しんでいれば、相手の話を真剣に聞けるし、会話をつなげるヒントを見逃すこともない。例えば、ディズニーの話題だったら、「シーとランドどっちが好き？」とか「なんのアトラクションが好き？」とか。話に集中してたら、どんどん会話は広げられんねん。

あと、**向こうからどんな話題をふられても、とりあえずのっかっとくことも大事**。「わかんない」って会話を終わらせるんじゃなく「何それオモシロそう。教えて教えて!!」って。**知ったかぶりやなく、知らないふりをして、男にいっぱい話をさせる**。そんでいちいち女のコが「へ──そうなんだ。スゴい!!　いろいろ知ってるね」なんて言われたら、どんな男も気持ちええで〜♪

Lesson 2 彼を胸キュンさせるトーク技術

Answer 2
話を聞くときは相づちを忘れたらアカンで!! さんまサン並みにオーバーリアクションで!!

相手の話を聞くときは、とにかく笑顔で相づちを打つ。これがいちばん大事!! **自分で思ってる倍くらいに感情表現をしたほうが、相手には伝わるで。**さんまサンくらいのオーバーリアクションを意識してみて。ルンルンちょっと跳びはねてみるとか。とにかく、**オレと一緒にいて楽しいんやってかんじを出してくれるとうれしい。**

Answer 3
キレイな言葉づかいや会話のマナーも大事やで!!

やっぱり男って、いつまでたってもステレオタイプやねん。**女のコのタイプは人それぞれ違っても、汚くて下品なコが好きって男はいないと思う。**それは、見た目じゃなくて、生活面やしぐさからかもし出されるもの。言葉や、食べ方、姿勢やね。

汚いと感じる言葉

NG	OK
うまい	おいしい
マジ	ホントに
スゲー	スゴイ

会話中の態度
- ケータイや鏡で化粧直しをしながらのトーク
- LINEがつねにピコピコ鳴っている

NG会話ネタ
- ほかの男の話
- 人のヒミツを暴露する

Lesson 2 彼を胸キュンさせるトーク技術

Question
なまはげ

男のコってどこをほめればよろこぶの？

Answer 1

最初にカッコいいって言ったらハードルを上げるからアカンで!!

　最初に見た目をほめられたら、その先入観で見られてるって思うから、オレはつねにこのコの前でカッコ良くしてなきゃアカンって、ちょっとすましてまうねん。あと、**「カッコ悪いとこ見せて幻滅されたらどうしよう？」って、ハードルが上がって、それが結果、男に負担をかける。**それに、「カッコいい」って言った女のコに対しても、**面食いって印象にもなるで。**逆に「やさしいね」って言われたら「そんなことないよ」とか言いながら、**その後そのコには「やさ**しい」って思われてるから、そのイメージをくずさないためにも、やさしくしちゃう。その人から、どう見られてるかによって、その人とのその後の絡み方が変わってくねん。1発目から「カッコいい」って言われちゃうとアホなとこ見せられないし。「オシャレだね」って言われたら次会うときも、服がんばろって思うし。第一印象、どう思ってるかを伝えることで、**その人にどうなってほしいとか、相手をコントロールすることもできんねん。**

Lesson 2 彼を胸キュンさせるトーク技術

3 彼氏のつくり方教室

最初に「カッコいいね」と外見をほめたパターン

士門クンってカッコいいよね!!

カッコ悪いとこ見せられへん

フットサルでこないだシュート決めてん

一緒にいてもなんか安らげない

すましてしまって素を出せない…結果、安らげない

最初に「やさしいね」と内面をほめたパターン

士門クンってやさしいよね!!

そーかーんなことないでー

こないだなんて電車のドアに頭だけ挟まれてん

へーそんな一面もあるんだ
オモシローーい
素が出せて楽やな

カッコ悪いとこ見せてもいいので結果、安らげる

メンズがよろこぶ ほめ POINT

ただ、ほめればいいってもんじゃない‼ みんなと同じほめ方じゃその他大勢になってまう。自分だけのほめワザを使って、相手をコロがしたれ～♪

① 「やさしいね」と中身をほめる

「やさしいね」はいちばんうれしい言葉。ちゃんと、中身を見てくれてるってカンジがすんねん。1発目、中身をほめてから、「ちょっと恥ずかしくて言えなかったんだけどカッコいいよね」ってつけ加えてくれたら最高‼

② みんなが知ってる長所＋ 私が発見した長所

例えば足が速いコがいたとして「○○クンって、めっちゃ走るの速いよね」と、ここまではみんなが知ってること。さらに、「朝、早くから自主トレがんばってるから、ほんとスゴイよね‼」ってなると、このコは、オレのそこまで見てくれてるんだって、何倍もうれしくなるで‼

③ 外見をほめるなら ヘアスタイル

いきなり顔はほめにくい。それよりは、だいたい男ってヘアスタイルにこだわってるから、そこをほめてあげるのがスマート。とくにワックスでエア感出してるヤツだったら、100%うれしいはずやで♪

④ ギャップをほめる

②の私だけが発見した長所ほめにも似てるんやけど、ギャップをほめられると男ってドキッとすんねん。「ふだんワイワイしてるのに、勉強は集中してがんばってるよね」とか「そのギャップ超いいね!!」とかね。

⑤ 「いい香りするね」「いい声だね」

香りに気をつかってる男子には「その香り、好き」とか。あと「いい声だよね」とか。声をほめられてうれしい男子っていうのはけっこういる。香りも声も、フェロモンがあるって言われてるみたいでうれしいよ♪

⑥ 靴やカバンからファッションセンスをほめる

男って、パッと見はシンプルなカッコをしてたとしても、けっこうカバンやスニーカーにこだわってるヤツが多いから、そこをつくと弱いと思う。あと、オレのそんな細かいとこまで見てくれてんのって好印象。

#third lesson

彼氏のつくり方教室 **3時間目**

彼にとって特別な存在になる技術

いきなり「好き」って告白するまえに、意中の彼に自分のことを意識してもらうことが成功への近道。ただの知り合いから、気になるコになるためのワザをレクチャーするで♪

question

エンジェル

ずっと同じクラスで仲はいいけど、私のことを女のコとして見てくれてるのか不安

Answer 1

相手に〝恋愛対象内ですよ〟とにおわせておく

3 彼氏のつくり方教室

意中の相手が年上だったら「私、年上の人が好きなんです」とか。メガネをかけてるヤツやったら「私、メガネフェチで」とか「短髪の人が好き」とか。**相手と自分の好みがリンクしてるってことをそれとなく伝えると、男は「え、オレのこと？」なん**て思っちゃうから。そうやって、「恋愛対象で見られてるのかな？」って思うと、一気に彼女のコトを意識しちゃう。そこは、**自分のタイプの話だから直球でええねん。**

ちなみにNGなのは、**『○○クンって可愛いね』。これはまったく恋愛対象と見られてないかんじがするから言っちゃアカ**ン。「チャラそう」はチャラそうな女のコに言われたら、「オレの中身知ってから言って」って、逆に仲良くなれるパターンもある。

ちなみに、オレがいちばん言われてうれしい言葉は

『士門クンみたいな人がお兄ちゃんだったらいいのに――♥』

Lesson 3 彼にとって特別な存在になる技術

ぴかぴか

Question
好きな人にはなかなか緊張して話しかけられないけど、彼のなかで私の存在を大きくしたい!!

Answer 1

話しかけられなくてもとにかく近くにいて反応すること!!

緊張して話しかけられなくても、つねに、その男の近くにいることを心がけて。例えば、体育とかで彼がシュートしたら「すごい!!」とか言ったり。**その男の言動に、すぐ反応できる距離感にいること。**だからといって、ジーーッと見つめているのは怖い。目が合ったらそらすとかはいいけどね。**「アイツ、オレのこと見てた?」**って。それがキッカケで、彼もアナタのことを意識するようになるかも。

あと、気になる存在になるためには、勉強とかスポーツとか、とにかくなんにでも一生懸命なコになること。**何かに必死に取り組んでるコって輝いて見えるから。**見た目に自信なくて、積極的な行動ができなかったとしても、せめて何かに一生懸命でいること。そんな姿を見てくれてるヤツは絶対おるから。

Lesson 3 彼にとって特別な存在になる技術

Answer 2

自分と一緒にいないときも彼に思い出してもらえるタネまきが必要やで!!

彼の頭の中に自分の存在を大きくさせたい!! そんなときは、日常のいろんなシチュエーションに、自分を思い出させるタネをまいておく。例えば、「ミッキーの耳のサイズとアタシの手のひらって同じなんだよ」とか言っておくと、彼が街中でミッキーを見るたびにそのコのことを思い出すってワケやねん。**自分に関するトリビアをちょっとずつ吹き込むねん**。でも、やりすぎはウザイからNGやで。そういう自分トリビアを無邪気に話す女のコって可愛いなって思うで。

Lesson 3 彼にとって特別な存在になる技術

特別な存在になるための
胸キュン 4大セリフ

ただの知り合いから、一気に女のコらしさも可愛さもアピれる魔法の言葉!!
どれも難しいセリフやないから、さらりと言えるで♪

こんなのはじめて♥

つき合ってからはもちろん有効だけど、知り合い程度のときも、めっちゃ胸キュンするで。「うわぁ～、こんなに楽しいのはじめて」「こんなにおいしいのはじめて!!」。なんにしてもはじめてを連発されると、もっとこのコをよろこばせようとがんばりたくなんねん。男は、女のはじめてが欲しくて、女は男の最後が欲しい生き物だから。

胸キュン度	♥♥♥♥♥
守ってあげたい度	♥♥♥♥
セクシー度	♥♥

Lesson 3 彼にとって特別な存在になる技術

○○クンって モテるからね

そういうことを言うってことは、オレに好意があるのかなって思う。好意がなきゃそんなこと言わないし。その発言で、オレの反応を見てるのかなって。半分告白みたいなもん。

胸キュン度
♥♥♥
守ってあげたい度
♥♥
セクシー度
♥♥♥♥

ねぇ、ねぇ どうしよう…

頼られてるのかな、オレにかまってほしいのかなって。相談の内容が重いほど、オレのことを頼ってるバロメーターになる。困ってる女のコを、男はほっておけません。

胸キュン度
♥♥♥♥
守ってあげたい度
♥♥♥♥
セクシー度
♥♥♥

男の人ってやっぱり スゴイねー

高い所の荷物を取ったり、力持ちのところをほめられても、ただ使われてるかんじがする。それよりも、仕事の技術や冷静なところをほめられたほうがうれしい。

胸キュン度
♥♥♥
守ってあげたい度
♥♥♥
セクシー度
♥♥♥

#fourth lesson

彼氏のつくり方教室 **4時間目**

彼に可愛いって思わせる技術

彼に自分のことを意識させて、さらに「可愛い」って思わせたら、もう勝ったも同然!! しぐさやセリフなど、男が胸キュンするキーワードを発表するでぇ〜!!

question

ちゃんなな

あんまり興味のない女のコから、どんなことされたら気になりますか？

question

はなちゃん

ブリッコするコって男子から見てどうなの？

Answer 1

ぶっちゃけ、女から嫌われるような女がモテる!! ブリッコもOKやで!!

女のコから見てちょっと嫌なコって、じつは男から見たら魅力的。そでクイしてくることか、ほおづえつきながら上目づかいしてくることか、女同士からしたら「コイツ何ブリッコしてんねん」ってなるけど、**男から見たらやっぱ可愛いねん。**でも、やりすぎたら、男も「これブリッコちゃう？」って気づくから。ブリッコの境界線って難しい。例えば、男の前で声が変わるのはアカン!! コイツ高い声出してんなってのは男でも気づくから。あと、ファンシーなキャラが好きなのはわかるけど、**持ち物から部屋のインテリアまで、すべてブリブリだと、男としては入り込む余地がないようで居心地が悪い。**あと、おっちょこちょいなコも可愛いけど、やりすぎるのはアカン。「アタシのばかばか!!」とか頭をポンポンしたり、おっちょこちょいエピソードが長いと、ちょっと疲れちゃう。せめて半日に１個ペースまでにして。

つき合ったらちょっとワガママな面を出すのもいいかも。ワガママなコに振りまわされることで、オレがなんとかせな、よろこばせなって夢中になって彼女にあきることなんてない。だけど、別れたとたん、彼女への不満がいっぱい出てくるというデメリットもあるから注意。

ブリッコもワガママも加減が大事。ちょっとは可愛いけど、やりすぎはNGやで!!

Lesson 4 彼に可愛いって思わせる技術

3 彼氏のつくり方教室

ブリッコの境界線 — メンズにバレバレ

胸キュンする ↔ **胸キュンしない**
NG ブリッコ / **あざとい**

- 不特定多数の男子の前でブリッコ
- 全身ファンシーキャラ
- 男の前で声が変わる
- 激しいおっちょこちょいアピール

胸キュンするしぐさと、これは男から見ても「ブリッコやろ？」って引くしぐさをわかりやすく表にしてみたで!!

Lesson 4 彼に可愛いって思わせる技術

Answer 2

結局、男はほっとけない女のコに弱いねん!!

　やっぱり、ほっとけない女のコってのに男は弱い。だから、やりすぎないけんそんや自虐ネタも使い方次第で、「可愛い、守ってあげたい」って男は思うねん。例えば「私なんて勉強ダメダメで、三角関数がぜんぜんわかんないんですよ、ほんと難しくないですか?」とか言われたら、男「あれは、最初難しいよね」女「どこを押さえたらいいですか?」みたいな。そっから一緒に試験勉強ができる可能性もある。

　ただ、**自虐すぎると、こいつネガティブなヤツやなってなるから注意**。自虐ネタで「可愛い、守ってやろう」と思わせるか、ただのネガティブ野郎になるかの境界線は、〝**笑顔で話す**〟**こと!!** あと、ただの自虐で終わってもアカン。「私、ダメダメなんだけど、**一生懸命がんばってる**」ってことをアピールして、**私には意志がある**っていうのを出さとね。そんでもって、自虐ネタのいちばん大事なのは、**最後に男に甘えること!!** それをしないとこのテクは完結しない。「がんばってるのに、なかなかうまくいかなくて…。○○クン、アタシどうしたらいいんだろ?」って、彼に相談してみるとかね。そしたら、男は頼られてるってかんじがしてうれしいもんやで。

可愛いと思わせる**自虐ネタの使い方**

Lesson 4 彼に可愛いって思わせる技術

\Question/

sora

女のコの見た目で引くことってあるの？

\Answer/
1

つねに、見られてる意識をもってなアカンで!!

　狙ってる男のコにしゃべりかけるときになって、自分をとりつくろうとするんじゃ遅い!! クラスや部活、職場とか、同じ空間にいるんやったら、もう絶対、相手はオマエの存在には気づいてんねん。だから、つねに見られていることを意識して行動せんとアカン。**話しかけるまえに、もうそのコの印象は、その男のなかでできてるから。**気をぬいて、汚い言葉やしぐさをしとったら、**マイナスからのスタートやねん。**

　食事なんかも注意やで。くちゃくちゃ音を立てて食べたり、おはしで遊んだりしてるのは、あんまり印象良くない。だからといって、**完璧すぎるのも手を出しにくいから、ほどよくヌケてるコが理想。**よく言うスキがあるコってやつやね。テキパキしてるコより、行動がおっとりしてたり、ときどきドジしたり。**完璧を目指すんじゃなく、最低限のマナーを守ってさえいれば自然体でええと思う。**

Lesson 4 彼に可愛いって思わせる技術

3 彼氏のつくり方教室

見た目が可愛くても女子のココでゲンナリ!!

大っきなところより、細かいところが気になるねん!!

- うなじや背中の毛がボーボー
- ネイルがはげている or 爪アカがミッチリ
- 洋服に髪の毛や動物の毛がいっぱいついている
- タイツや洋服に毛玉がいっぱい
- 靴のつまさきやかかとがスリ切れている
- バッグの底がボロボロ
- すそがほつれている

パッと見の服のデザインとかより、細かいところに目がいってしまう。見ようとして見るんじゃなく、思わぬときに発見してしまうかんじ。美人や可愛いコがだらしなかったら、よりゲンナリ度はデカイかも。1つだらしないところを見つけちゃうと、ほかにもいろいろ気になっちゃうしね。とにかく、不潔に見えたりだらしなく見えるのは要注意やで!!

カバンの中身も要チェック

【 カバンの中身の NGワード 】

♥カバンの中がゴチャゴチャ
カバンの中が整理されてないってことは、お部屋もゴチャゴチャしてそうなイメージ。つけまとかが直接いろんなとこについてたらゲンナリ…。

♥ブランド品がズラーリ
財布だけとかならいいけど、ポーチからグラサンまでブランド品だと、この女、金かかりそうやなって思う。あと、男からもらったのかな？とか。

♥iPhoneケースがうす汚い
女のコってよくモコモコだったり、ファンシー系のケースに入れてるけど、薄い色が多いから、汚れが目立つねん。汚れが目立たない色にしたほうが◎。

♥いろんなところに髪の毛がついている
長い髪の毛ってやっぱり目立つから。カバンの底に、髪の毛がたまってたり、クシにビッシリくっついてたり。日ごろからちょっと気にしてみて♪

カバンの中の胸キュンアイテム

可愛いポーチにコスメや薬を整理して入れている
コスメとかをそのまま入れるんじゃなく、いちいち可愛いポーチとかにまとめて収納してるコって、整理整頓が得意そうなイメージで好印象。

お財布は古くてもOK
お財布に関しては、お母さんからもらったブランドものとかを大事そうに持ってるってステキ。物を大事にする精神が伝わってくる。

小さなお菓子が入っている
女のコらしいし、そのコの趣味もわかるから。今度そのお菓子をプレゼントしてあげようとか思えるしね。

ティッシュ＆ハンカチは持っていて当たりまえ
「アタシ持ってんで‼」って得意になってアピールするとこじゃない。なんかのタイミングでサラリと出したら好印象やで。

カバンの中を見れば、そのコの性格まで見えちゃう‼

大倉士門の Love トーク

**はじめて彼女ができたのは高3。
超奥手なガキンチョだった**

　じつはオレ、人生ではじめて彼女ができたのが高校3年生。めっちゃ、恋愛に対しては遅咲きやねん。

　高校1年のときで身長156cmしかなかったから。それまで「可愛い」とかはよく言われても「カッコいい」なんて言われたことなかったし、まわりの女子たちからもぜんぜん男として見られてなかった。高校のときって、女のコのほうがいろいろ経験豊富で、もうチューとか3～4人としてるって話を聞いただけで、なんか怖くて。そんな女子と、つき合うなんてとんでもないってかんじ。一見、めちゃめちゃ遊んでそうに見られるけど、じつは、マジメやねん。ほんまやで!!(笑)

　そんななか、まわりの友達にも彼女ができてきて、さすがにオレも一緒に学校から帰ったりする彼女が欲しくなった。それではじめてつき合ったのが、陸上部でいちばん仲がいい女のコ。みんなで映画観に行って、フードコートで横に座ってるだけでうれしかった。ほんま何やってても楽しかったな。

　そんで、彼女との学校の帰り道、毎日「チューしよう、今日こそチューしよう」っていつも思うねん。で、いざチューしようってときに、首の角度どないしたらええねん？目はどのタイミングで閉じんのか、呼吸はどこですんのか？とか、めっちゃ素朴な疑問がよぎってできへん。だから、家に帰ってから毎日「Yahoo!知恵袋」で調べて(笑)。「キス　仕方　呼吸」とかって検索すると全部出てくるねん、やり方が。それを見ながら家で自分の指相手に練習してた。初チューの感想は緊張しすぎて覚えてないけど、なんかやってやった感はあった。それからやな、オレのなかのエロが目覚めたんは(笑)。

オレを成長させてくれた3つの恋のエピソードを紹介するで。
この楽しくて、つらい思いをさせてくれた彼女たちのおかげで、
今の大倉士門はおるんや。

大好きな彼女から
「子どもやな」って言い放たれて
人生初の失恋を経験!!

　高校1年のときから可愛いなって思ってた学年のマドンナがいて、どんなにアタックしても振り向いてくれなかった。加藤ローサに似ためっちゃ可愛いコ。でも、彼女はオレに気がなくて、オレは同じ部活ですごく仲が良かったコとつき合うことになったんや。

　高3の夏。芸能事務所を受けようと思って東京に1人でやってきたとき。「ここが渋谷のハチ公か、スゲー」なんて思ってたら、突然、携帯にマドンナから「士門クン。もしかしてなんだけど、今渋谷にいない?」ってメールが!! 驚いて、あたりを見回してもマドンナはおらんくて「なんで?」って送ったら、「アタシも今、渋谷におるの」って!!「いつまでいるの?」って送ったら、明後日って言うから、「んじゃ、明日会おう!!」って2人で会う約束をしてん。

　京都のど田舎から出てきた2人が今、東京の渋谷のまん中ですれ違うって、その奇跡ってすごないって!! なんか、彼女と運命感じてもうてデートでさらに意気投合しちゃって。そんで、もうそのコのことがめっちゃ好きになってしまった。

　京都に帰って、今つき合ってる彼女とどうやって別れようって悶々としてた。別れを告げては泣かれてのくり返しで…。でもやっぱり最後に「今、ほかに好きな人がおんねん。ほんまにこれは変わらんから別れて」って言って。そんで、マドンナとつき合った。その彼女が今までの人生でいちばん好きだったかも。

　彼女とは、大学に入ってからも遠距離でつき合ってたけど、突然別れはやってきた。そのコはめっちゃ大人で頭が良いコ。ある日、一緒に部屋におったときに「士門は子どもだから、一緒にいても成長できない」って言われて…。オレも馬鹿で、人生でふられるのが

はじめてだったから、軽くパニックになって。部屋を飛び出して、ずっと連絡も返さず1人街をふらふらして、何時間かたって彼女のいる部屋に戻ったら、アイツはオレのこと心配して大事にしてくれるだろうって。で、実際、部屋に帰ったら「え、士門、何してんの？馬鹿じゃないの」って言われて、そのまま終わり…。

この彼女とのつき合いは、ほんとうにいろんな意味で勉強になった。

妹みたいに可愛くて
どんどんハマっていった恋

ずっと恋愛相談にのってた年下のコ。ほんとに、そのコにとってはいいお兄ちゃん的な存在になってた。相手の男は女遊びが激しいヤツで、それをいちずに思ってる彼女がすごくうらやましくて。その男とオレは仲良かったんやけど、彼女に「アイツ遊んでるからやめたほうがええで」って助言しちゃったりして。あるときから、コイツがその男を思うようにオレのこと思ってくれればいいのにって、どんどん彼女のことが欲しくなってった。オレやったら、もっとこうしてあげれんのにって、彼女に言うようになって、毎日会うようにもなってった。ある日、一緒に帰ってるときに、陸橋の上で「オレとつき合って」って告白して、OKもらったときはめっちゃうれしかったな。

そのコはめちゃめちゃ純粋で、毎日、オレのとこに飛んできてくれてん。毎日、彼女の家まで送り迎えしたし、満員電車の中で彼女を守るようにしてオレの腕で支えて、その中で寝る彼女がとにかく可愛くて。本当に、オレの宝物だった。1年365日のうち360日は会ってた。そんときは、男友達のことも全部放ったらかして、彼女にすべての時間を捧げてた。そのくらい好きやった。

突然、彼女にふられて、
本当に死んでやろうと思った

　宝物のように大事にしてた彼女から、新宿のカラオケボックスでふられたときの帰り道。甲州街道で車を眺めながらオレ、マジで「死んでやろう」と思ってん。そんときに、ふだん、オレからしか連絡しない友達からたまたま「今、新宿のアルタ前にいるんだけど会おうよ」って連絡が来て。いつもは男同士でベタベタするのは嫌なんやけど、アルタ前でソイツの顔を見た瞬間は、自然と涙が出てきてハグして２人で泣いた。ほんまに、あんときはソイツの存在に救われた。あの連絡がなかったら、今ごろオレどうなってたんやろって。それで、本当につらくなったときに、信用できるのは同性の友達やなって思ってん。

　この体験は、オレのなかで軽くトラウマで。それから彼女ができても、「コイツもいつかどこかに行くんやろな」って、心のどこかで思いながらつき合ってたら、なんか心に余裕が出てきてん。それからのほうが、女のコとのつき合いがうまくいくようになってった。自分が追いかけてばかりの恋愛よりも、一歩引いたほうがうまくいくんやって。

　ただ、ムリに余裕をもとうとするんやなくて、彼女以外に、いかに自分が夢中になれることをつくるかが大事なんやって。ほかに趣味があって、それと同じ配分で彼女を愛するのがちょうどええって気づけた恋やった。

　「私と家族どっちが好きなの？」とか優先順位を求めるコがいるけど、そういうのは優先順位やないし。過去のつらい恋愛経験があったからこそ、オレにとっては家族も友達も仕事も大事って思えた。それと同じくらい彼女も大事。オレのなかの１つのジャンルとして彼女がいるワケであって、すべてが彼女が優先になってしまうとバランスがくずれて、結果、いい恋愛ができないと思う。

#fifth lesson

彼氏のつくり方教室 **5時間目**

男をオトすLINE技術

相手の好みをリサーチしたり、デートの約束をしたり…。恋愛を成就させるためには、LINEやメールはなくてはならないツール。LINEの使い方次第で、好かれたり嫌われたりしちゃうからこの技術は絶対習得せなアカン。男をオトすまでのやりとりを日を追って説明するで♪

ぬくりん

Question
好きな人がいても
連絡先を聞く度胸がない…

るーぱん

Question
好きでもない女のコから
LINE聞かれても嫌じゃない？

3 彼氏のつくり方教室

Answer 1

とにかく勇気を ふりしぼって LINE交換せな なんも始まらんでー!!

ここまで、話しかけるキッカケや胸キュン会話術を教えてきたけど、結局は、LINEかメールで直接、彼とやりとりできるツールを手に入れないと、これ以上は発展せーへんで。連絡先を自然に交換する方法は次のページでレクチャーするので、そのまえにメンズに引かれないプロフィールづくりや!!

[LINEのアドレス交換するまえの**下準備**]
プロフィール設定時の注意点

プロフィール写真はサギってOK

今の時代、プリや自撮りでサギることは当たりまえやから、そこはぜんぜん気にせんで。空とか花とかの抽象的な写真よりは、自分の盛れた写真をアップしよ♪

プロフィールのバックの写真には注意

そのコの趣味や性格が見えるとこ。例えば、男友達と大人数でワイワイしてる写真や、ヤンキーっぽいコとの集合写真なんかだとマイナスイメージかも。

ステータスメッセージに欲を出しちゃダメ

「彼氏が欲しい」とか「寂しい」とか入れてるコは、オレだけやなくみんなに言ってんのかってなるから。ここにはそういう欲は書かないほうが無難やで。

連絡先を GET する方法

1. ストレート作戦

難易度
胸キュン度
ナチュラル度

手紙や口頭で、単刀直入に「LINE交換してください!!」と伝える方法。この方法は、ストレートなぶん、勇気はいるけど相手に好意を直接伝えることができるので、その後の展開が早く進む可能性もあり!! 言われて嫌な男はいないので勇気を持って!!

2. 写真を送るよ作戦

難易度
胸キュン度
ナチュラル度

大人数で写真を撮って、その画像を送る名目でちゃっかりLINEを交換する方法。方法としてはなかりナチュラルにLINEをゲットできるけど、自然すぎて相手に好意をもっているとは伝わりにくい。気持ちをバラさずじっくり攻めていくタイプにはオススメ。

3. 共通の知り合いをダシに使う作戦

難易度
胸キュン度
ナチュラル度

「○○サン知ってますか? 今度○○サンと一緒にみんなとごはんを食べに行こうと言ってるんですが、もしよかったら一緒にどうですか?」と、共通の知人をダシに、連絡するのでLINE交換しましょうと誘う方法。共通の友達の協力も必須!!

単刀直入に聞く方法から、どさくさにまぎれて交換する方法などなど。難易度、胸キュン度、ナチュラル度も紹介してるので、自分に合った方法を探して、レッツトライやで～♪

共通の趣味を生かして作戦

4.

難易度
胸キュン度
ナチュラル度

「え、ONE PIECE好きなんですか？ 今度、ONE PIECE好きのみんなで集まるんですよ。一緒にどうですか？」など、下心ありませんよふうにLINEゲット。共通の趣味がある場合は使えるテク。その後も趣味トークで、LINEも盛り上がる♪

オモシロサイト情報交換作戦

5.

難易度
胸キュン度
ナチュラル度

相手が見ていた動画やサイト。もしくは、自分が見つけたオモシロ画像やサイトを「コレ、すっごくオモシロイの!! URL送ろうか？」とか言って情報交換のツールとしてLINEゲット!! ただ、そのネタに相手が食いついてくるかが重要。

物の貸し借り作戦

6.

難易度
胸キュン度
ナチュラル度

漫画や本、ノートを借りる名目で、LINEも交換。借りた物を返す際に、ちょっとしたお菓子をつけたり、ノートに「ありがとね」とメモを書くなど、ちょっとしたサプライズを仕掛けることが可能!! 返すために会う口実もつくれて一石二鳥♥

LINEの基本ルール

1. 長文は避ける

長文で熱い思いを伝えたい気持ちもわかるけど、相手からしたら、ちょっと重いし、ちゃんと返さなきゃってプレッシャーに。あとで、しっかり返そうなんて思ってるうちに忘れちゃったり…。長くても3～4行がベスト。

2. スタンプだけで返事しない

どうしてもスタンプだけだと軽い印象になってしまう。とくに、大事なことは言葉で伝えて!! スタンプはあくまで言葉の補足として、感情をプラスするために使うのがグッドやで♪

3. スタンプの数は10回に1回程度にとどめて

スタンプの連発は、メンズからしたらちょっとうるさい印象かも。それより、LINEは短い会話のキャッチボールが楽しいツールだから、スタンプには頼りすぎないで、なるべく言葉を使っていこう。

4. 相手からのメッセージが来てから、次のメッセージを送る

送信しても相手から返信がなかったら、ぐっと耐えること。相手から返信ないままにメッセージを送りまくると、ちょっとウザイヤツになりかねない!! 返信をしやすいよう、疑問系で終わらすのも手やで。

Lesson 5 男をオトすLINE技術

無事、意中の彼のLINEを手に入れたら、相手にウザがられたり、嫌われたりしないための最低限のマナーや基礎知識をマスターしよう!! これは、異性へのLINEだけでなく同性や先輩後輩にも当てはまるで★

3 彼氏のつくり方教室

5. 絵文字や顔文字で感情を伝える

下の画像のように同じ文面でも絵文字や顔文字があるだけで、一気に印象が変わるで。絵文字がいっさいないLINE文は「怒ってるの？」って勘違いされる恐れもあるので注意してや!!

[絵文字のアリナシでこんなに印象が違う]

> はじめまして！○○です！今日は話してくれてありがとうございました！
> 夜遅くにLINEごめんなさい！
> 起きてるかな？

> はじめまして！○○です！😊今日は話してくれてありがとうございました！
> 夜遅くにLINEごめんなさい！
> 起きてるかな？

感情が伝わる絵文字をプラスすることで胸キュン度がUP!!

オレ的にいちばん胸キュンしたスタンプがコレ

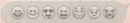

上のような感情が伝わる絵文字が◎。右のスタンプは「LOVE☆ラスカルと世界名作劇場」

アタックスケジュール
ATTACK SCHEDULE

相手の生活スタイルを知る

〝はじめましてLINE〟は マジメなコを演出

まずはLINE交換できたら、こっちから「はじめましてLINE」を送るで!! 1発目なので、ここは礼儀正しくマジメなコを演出して、とりあえず交換できたことについて感謝の気持ちを伝えて。まだ仲良くない関係だったら、敬語が無難やでー。ただ、あまり堅苦しくならずに絵文字を使って可愛さもプラス♪

22時以降の初LINEで、 相手の生活スタイルを探る!!

今後、LINEをするうえで、相手の生活スタイルを知っておくことは大事。だいたい、何時くらいに寝るのかなど、遅めのLINE開始で見極めよう。ただ、1発目のLINEが深夜0時超えだと、反対にこっちの生活スタイルを疑われるので注意してや!!

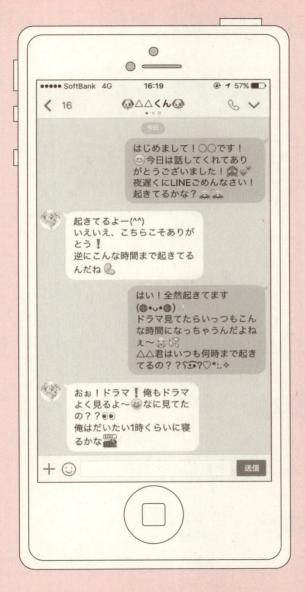

アタックスケジュール
ATTACK SCHEDULE

2日目

LINEスタイルを確立

1日目の夜は
あえて寝落ちすること

あえて初日は、こちらが寝落ちしてLINEを終了させる。えっ!!って思うかもしれんけど、そうすることで、翌朝のおはようLINEがこっちから送りやすくなるっていう利点があんねん!! だから、初日のLINEは遅めスタートがええで♪ あと、寝落ちでちょっとしたおちゃめアピールもできる♥

LINEスタイルの
主導権を握る

朝のおはようLINEのおかげで、お昼休みのLINEも送りやすくなるで。向こうにも、このコのLINEスタンスはこうなんだって早い段階で知ってもらうことは重要。主導権を握ることで、もっとLINEが送りやすくなるで。また、向こうの反応を見てLINEを送るタイミングや回数は合わせていこー。

アタックスケジュール
ATTACK SCHEDULE

3〜6日目

個人情報を
ザクザクゲット!!

相手の趣味や
好きなものを探る

今後のデートや実際会ったときの下準備のためにも、相手がどういうものが好きなのかストレートに質問していく。また、ただの質問だけに終わらせずに、タイムリーな行動を報告することで、自分のライフスタイルと日常的に彼のこと思ってます感の2つを同時にアピれるで!!

敬語からタメ口に!!

とりあえず、向こうが返信してきた好きなものには、なんでものっかっていくこと!! 例え、知らない分野の返答が来ても、興味があるかんじを出してって!! それで趣味が合うっていう興奮から、タメ口になって一気に距離を縮める作戦♪ 話題は音楽、映画、ドラマ、漫画、アニメ、なんでもアリやで。

アタックスケジュール
ATTACK SCHEDULE

7〜9日目

サプライズを仕掛ける

Point 1 なんとなく〝好き〟をにおわせる

これまでの期間である程度、相手の趣味や好みもわかってきたので、これ以上質問攻撃を続けてもマンネリする恐れあり。1週間目くらいのタイミングでサプライズを仕掛けて、LINEのやりとりにメリハリを‼ 彼の画像があれば、それをLINEのバック画面にしたりして彼をドッキリさせよう‼

Point 2 ツンデレ感もにおわせる

LINE画像を彼の写真にするって、かなり好意の表われだと思うんやけど、「好き」とかは安易に言葉に出したらアカンで。まだ1回も遊んでないのに、「好き」とか簡単に誰にでも言う女なんやって勘違いさせるから要注意。行動では好き感を出しつつも、言葉の表現はさっぱりと‼

3 彼氏のつくり方教室

アタックスケジュール
ATTACK SCHEDULE

10日目

デートの約束にこぎつける

Point 1 釣り糸をたらす

今まで、相手の趣味をリサーチした結果から、デートに発展するような話題をそれとなくふる。例えば、映画好きだったら、「最近、オモシロイ映画ある？」とか。好きなアーティストのライブや、アニメ系のイベントなどなど。お互い、共通の趣味がなかったら、やっぱりここは映画の振りが無難やでー。

Point 2 脈ありか脈なしかを見極める

こっちからデートを誘うんじゃなく、釣り糸をたらし見事相手が食いついてきたら脈あり!!　向こうがデートに誘いやすいように、いかにうまくリードするかが腕の見せどころ。だけど、釣り糸をたらしても相手が食いついてこないようだったら、奥手の男子もいるので、女のコ側から素直にデートに誘おう!!

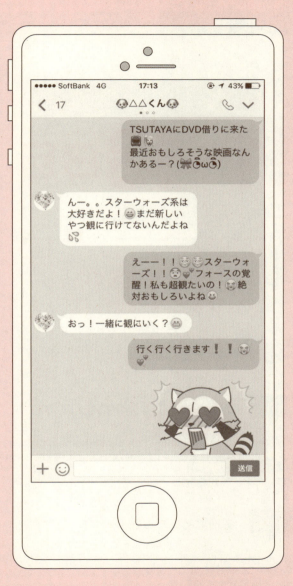

アタックスケジュール
ATTACK SCHEDULE

11〜13日目

デートまえの
ウキウキを楽しむ

Point 1 デートまえに1回電話をしてみる

ずっとLINEのやりとりに慣れてしまって、実際にデートで会うと緊張で会話が続かないなんてパターンも。そこで、電話で相手と直接話すことでデートまえに距離を縮めておくのは大事やで。電話の内容は、「帰り道、まっ暗で怖いからちょっと会話につき合ってもらっていい?」なんてのが可愛いで♪

Point 2 前日はあっさり眠る

「明日、楽しみ‼ 楽しみ‼」って言ってるよりは、案外、「明日会えるので、今日は寝まーす」みたいにさっぱりしてるほうが、"楽しみなのに、コイツ睡眠とるんや。ってかんじでギャップがあっていいかも。相手に期待しすぎると、実際、会ったときに「あれ?」ってなって、テンション下がるから要注意やで‼

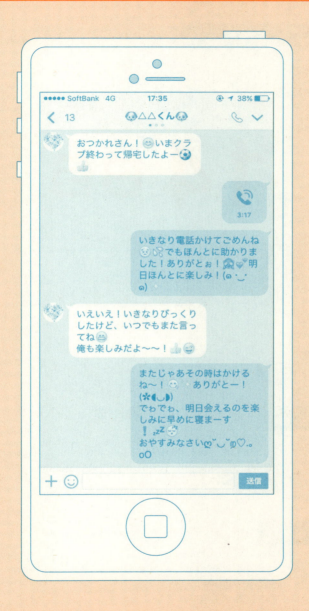

アタックスケジュール
ATTACK SCHEDULE

14日目

初デート

Point 1　ヘアメイクはいつもとのギャップを演出

初デートOのときのヘアメイクは、ふだん、髪の毛を下ろしてるコだったらアップヘアに、結んでることが多かったら下ろしヘアに。とにかく、いつもと違うフンイキにして、ギャップを出すこと!! いつもと違うっていうだけで、特別な日なんだってかんじがして男子もドキッとするもんやで♪

Point 2　ファッションは相手に合わせる

デートのファッションのテイストはできれば相手の男に合わせてほしい。男がカジュアル系なのに、めっちゃお姉さん系だと釣り合わないし。個性的なファッションもNG。やるなら初デートでは避けて、つき合ってから楽しんで。あと、気合い入れすぎも要注意!! 基本、男ってシンプルが好きやからね。

Point 3 　初デートは映画館がベスト!!

デートといえば定番なのが、水族館、映画館、遊園地とかいろんなジャンルがあるけど、初デートで行くなら、映画館がいちばんオススメ。なんでかっていうと、例えば、遊園地やと男の人と２人っきりで緊張してるなか、さらに２時間待とかで、"何、話すねん!!。みたいになってしまったらもう終わり。でも映画館って、２時間30分は上映に集中してるから相手と話さなくてええねん。しかも、その間ずっと相手と近い距離で過ごせるっていうおまけつき。で、終わったあとカフェとかで、映画の感想を言い合ってたら１時間なんてあっという間やで。ちなみに、動物園やペットショップに行って「きゃわいい〜」って、突然、赤ちゃん言葉になって変貌するコいるけど、あれも男はついてけないから注意やで。

Point 4 　緊張は早めにバラしておく

緊張して目を見て話せないとか、そっけない態度をとってしまうと、男としては「オレと一緒にいても楽しくないのかな」って勘違いしちゃうから、早めに緊張してるってことを相手に伝えること。もし、伝えられなくても、デート後に「そっけない態度をとっちゃったかもだけど、心臓はバクバクでした」ってLINE送るのもええね。

Point 5 　「こんなのはじめて」作戦サクレツ

とどめは「こんなのはじめて」作戦のオンパレードや!!「こんなにオモシロイのはじめて!!」「こんなに笑ったのはじめて!!」「こんなにおいしいのはじめて!!」って。とにかく、相手のおかげで初体験ができている、楽しい!!ってことを全面に猛プッシュや★

初デートのNGワード

「疲れた」「眠い」「来たことある」は大禁句

高いヒールで、歩きづらいなら、最初からはいてこないでほしい。あと、元カレを連想させる発言は絶対禁句やで!!

ボディータッチはしすぎない

初デートからボディータッチが激しいと、すごくデートに慣れてるかんじがして、男としてはちょっと引いてまうかも…。

3　彼氏のつくり方教室

デート最後に、2人っきりで ゆっくり話せる時間をつくる

初デートが映画館だった場合、映画観てバイバイはさすがにアカンで!! カフェなり公園のベンチなり、2人っきりでゆっくりできる時間を少しでもつくること。男の場合、彼女に気が合ったら、ここで手くらいつなぎたいもんやけど、ここはあせらず、相手の出方を待ってみて。

デート後のLINE メッセージが決め手!!

初デート後のLINE次第で、すべてが決まると言っても過言ではない!! デート中は、恥ずかしくて自分の気持ちを伝えられんかったとしても、きちんと今日のデートの感想が〝楽しかった〟ことを伝えて、〝はじめて〟作戦で最後にダメ押しを!! 家に帰ったらすぐ送ること。

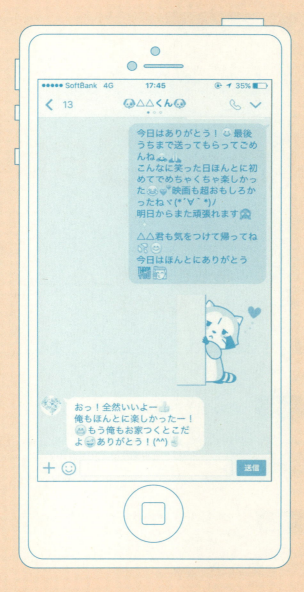

アタックスケジュール
ATTACK SCHEDULE

15〜23日目

脈ありか脈なしか見極める

 恋の駆け引きメールは危険

今まで毎日LINEを送ってたのに突然やめるとかの駆け引きは、確かに「どうしたんだろ？」って気になるけど、それが逆効果になる場合もあるので、よっぽど恋愛上級者にしかできんテク。自信がないっていうコはやめておいたほうがええで。

 「会いたい」メールで相手の反応を見る

一度デートもしてるし、ここで「また会いたいな〜」と相手に伝えるのは、半分告白してるようなもん!!そこで、男が食いついてくるかどうかで、自分に気があるかがわかる!! もう攻めの姿勢に入ってよし!!

3 彼氏のつくり方教室

脈ありか脈なしかは ここで見極めろ

脈あり パターン

相手も会いたがってたら、もう勝負あり!! 向こうが告ってくるのを待つべし!!

脈なし パターン

2回目会う具体的な約束がなかなか決まらなかったら脈なしかもー。

脈なしパターンの場合は、応援スタイルに徹して相手の反応を待つ!!

残念ながら「会いたい」LINE を送っても、
具体的に日程がなかなか決まらなかったコは、ここであせらずに、
相手が今取り組んでいることを応援するスタンスでそっと一歩引こう。
こちらの気持ちを押しつけず、相手を思いやる気持ちを第一に癒やしの
存在に。彼もその大事さに気づいて、いずれ大逆転があるかも!!

彼氏のつくり方教室 3

わぁぁ😭😭😭大変だよね。。そうだよね。😣🙏🙏
ごめん！
じゃあ私は会えないの我慢します！😣でもでも！応援してるから、ほんとに頑張ってね！😁
LINEとか電話でかまちょするので、時間あるときはちゃんと構ってね😆
△△くんファイト〜！p(^-^q)

アタックスケジュール
ATTACK SCHEDULE

24日目

運命の2回目のデート

 2回目のデートで本性を見る

2回目デートの場所は、基本、2人の会話から出たところならどこでもOK。初デートは気まずい時間をつくらないためにも映画館デートをオススメしたけど、2回目のデートは反対に、待ち時間などの気まずい時間をいかに2人で楽しく過ごせるかを試してみること。ここで相手の本性をチェック!!

Point 2 **聞き役にまわる**

1回目のデートでは、とにかく "楽しい。&"はじめて。をサクレツさせる作戦だったけど、2回目は、それにプラスして "癒やし。&"落ち着ける。をテーマに。それには、男にしゃべらせることがいちばん。「最近、いちばんうれしかったことって何?」とか質問してみたり、とことん笑顔で聞き役に!!

Point 3 接近戦でムーディーさを演出

初デートでのボディータッチのしすぎは、ちょっとチャラいイメージがついちゃうからダメ!! そやけど2回目のデートは、そのボディータッチを解禁するで!! 1回目の明るいだけのデートから、今回はムーディーさをプラスすんねん。さりげないボディータッチでメンズをドキドキさせちゃおう作戦!! といっても、いきなりグイグイいくのは、「どうしたどうした？」ってなっちゃうから、ベタベタ触るんじゃなく軽く触れる程度やで。それにな、接近戦が増えることで、男は「このまえは距離感あったのに、今回はオレに気を許してくれてんのかな？」ってうれしくなってしまう。どんなボディータッチが効果的かは、次のページで解説するで♪

Point 4 2回目のデートで男はつき合うかどうかを決める

だいたいの男は、「このコがええ」ってなったら、だらだら友達として会うんじゃなく、2回目のデートでは「つき合いたい!!」ってなるもん。もし、2回目以降も女のコの好意はわかってんのに、つき合う決断をしない男がいたら、それは、ただ彼女をつなぎ止めておきたいだけかもしれん。ほんまに好きやったら、2回目がつき合うタイミング。また、つき合うまえに、いかに相手の悪い面を知っておくかも重要。Point1でも伝えたように、本性を知るために、2回目のデートでは遊園地とかに行くのがオススメ。待ち時間もあるし疲れるしで、けっこう、本性が現われるもんやで。そこで、相手のワガママ度合いとか、疲れたらどうなるかとかを知っておく。悪い面をどんだけ許せるかが、今後、本当につき合っていけるのかの判断になる。

2回目のデートで本性が見えるから要注意やで！

3 彼氏のつくり方教室

2回目のデートでオススメ!!
彼を胸キュンさせる接近テク♥

2回目のデートでもっと距離を縮めるために、さりげないけど、ドキッとする自然なボディータッチ法を紹介するで‼

ボディーソープ替えたの作戦

「ボディーソープ替えたんだ。超いいニオイなの‼かいでみて」と言って腕を差し出すと、自然に急接近できるってワケ。香水じゃなくボディーソープってとこがミソで、すごく近寄んなきゃにおわないし、香水よりナチュラルなかんじが好印象やね。無邪気なかんじもして可愛い‼

胸キュン度　♥♥♥♥♥
難易度　♥♥♥

しょうゆを取るふりして急接近

ごはんを食べてるときに、女のコが彼の横に座っていて、手をのばしてしょうゆを取ろうとして近づく。コレは、席取りも大事で、彼を奥側に座らせてその横に座らなきゃダメ。最初は、2人の間は普通に距離があるんだけど、ちょっとずつつめてって、気づいたら横にべったりっていう作戦‼

胸キュン度　♥♥♥
難易度　♥♥

上着のすそを
ちょこんとつまむ

デート中は、基本、彼の一歩後ろを歩くかんじで。歩くのが速い彼に必死についていこうとして、上着のすそを指でちょこんとつまむ!! コレって王道だけど、ちょっとひかえめなしぐさが、めっちゃ可愛い♥ また、歩いてるときに「ねーねー」って甘えるように、すそを引っぱりながら呼び止めるのも◎。

胸キュン度　♥♥♥♥
難易度　　　♥♥♥♥

自然と肩を
触れ合わせる

隣に並んで歩いてるときや座ってるとき。肩やひじが当たるか当たんないかくらいで触れ合ってる。当たってることは向こうも気づいてるはずやし、それでも離れないようだったら、相手も好意があるってこと。触れ合ってる部分に意識を集中させちゃうから、体温がめっちゃ熱くなるかんじがする。

胸キュン度　♥♥♥
難易度　　　♥♥♥

1つのケータイ
の画面をのぞく

スマホのメールや画像を一緒に見るという口実で、どさくさにまぎれて、グイッと顔と顔を急接近!! スマホの画面が小さいから、それを一緒に見ようと思えば、自然と彼に近づくことができるで。そのとき、自分の体を支えるためにも、彼のひざの上に軽く手をのせるとさらにグッジョブ!!

胸キュン度　♥♥♥♥
難易度　　　♥♥

3　彼氏のつくり方教室

#sixth lesson

彼氏のつくり方教室
6時間目

告白する技術

ここまできたら、もう恋愛成就は目前!! 彼を意識させたり可愛いと思わせたり、LINEテクを仕込んだり…。下準備はバッチリなので、あとは素直な思いを伝えるだけやで★

♡。渚心。♡

> 同じクラスに好きな人がいます。告白しようか迷っているのですが、恋愛初心者なので、どこで告白したらいいかわかりません!!

小生意気な天使ちゃん

> 好きな人ができても素直に好きと言えないからもどかしい。伝えたあとの関係が悪くなったら…。こういうときどんな伝え方をしたらいいか教えてほしい。

\Answer 1/

告白は絶対に 直接会って言ってほしい!! LINEや電話ですませちゃ アカンで!!

3 彼氏のつくり方教室

つき合う瞬間ってめっちゃ大事じゃん!! それなのに、それを電話やLINEで終わらすなんて、絶対もったいない!! きちんと告白の場をセッティングしたうえで、つき合いたい派。絶対、そのほうがあとあと、いい思い出になるから。理想は、2回目のデートのあとに、オレが彼女を家まで送っていったとしてバイバイするときに、「ちょっと待って」って。恥ずかしがりながら一瞬ためらってから、告白してほしい。いきなり告られるよりは、そのほうが「え、告られる?」ってドキドキ感も味わえるし。ほんまは、オレから告りたいねんけど。告白の内容も「士門クンを思う気持ちは、今までの恋愛とはまったく違って、こんな気持ちになったのははじめて」って言われたら、簡単にはふれへんで!!

こんな告白されたらOKしちゃう!!

士門クンを思う気持ちは、今までの恋愛とはまったく違って、本当に大好きすぎて、こんな気持ちになったのはじめて!! つき合ってください!!

こんな告白はアカン!!

1 前ぶれもなく、いきなり電話で!!

出会って1～2週間で、親交も深まっていないのに、電話でいきなり「好きなんです」って告られんのはいちばんアウト。こっちは心の準備もできてないし、いきなり電話で何ぶっ込んできてんねんって。

2 前置きが長く、まわりくどい!!

告白するにいたるまでの過程をずっと説明されると、間がもたない。それよりは、ズバッと「つき合ってください!!」って言ってから、なんで好きになったのか説明したほうが心に刺さるで。

3 LINEでの告白は、もの足りない!!

もし、LINEで告られても、会ってからもう1回言ってってお願いする。ぐちゃぐちゃで照れまくってもいいから、ストレートに「好き」って言葉で、直接気持ちをぶつけてほしい!!

4 〝ひと目ボレ〟は押し文句にならない

「ひと目ボレ」って言われても外見だけかい？って、思われるから。外見から入ったとしても「○○クンの中身を知っていくうちにどんどん好きになって」って、プラス中身を好きになってから告ってほしい。

5 自己紹介と同時に告られても…

ぶっちゃけ「キミの中身知らんし」ってなる。知らないのにノリでなんとなくつき合うっていうのがいちばん嫌やから。ちゃんと相手のことを知ってからじゃないと判断できない。

バレンタインデーはすべてが許されるチャンス!!

初対面だろうが、ひと目惚れだろうが、バレンタインに告白するのはすべてが許される特別な日。ちょっとくらいボロが出ても、この日は許される。どんなコでも、好きになってくれたら、うれしいからね!!

Lesson 6 告白する技術

3 彼氏のつくり方教室

匿名希望

ふったくせに私にやさしい彼。もう1回チャンスある?

先輩に告白したら、私が受験だからとふられてしまいました。けれど先輩はとてもやさしく私に接してくれます。これって、受験が終わってからもう1回告白したらチャンスはあると思いますか? 参考までにLINE画像送ります。

Answer 1 彼はとにかくいろんなコからモテてたい時期かも

この男は、今いろんな人からモテたいねん。受験が終わってまた告っても同じこと言われたら、その男はやめたほうがいい!! 何人からでも好かれたいって。昔、オレにもこんな時期あったもん(笑)。

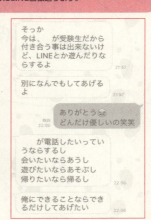

さつみつ

告白したのにハッキリした返事がもらえない

私は塾の先輩が好きなのですが先輩には彼女がいます。でも後悔したくないので告白したのですが、答えをもらえないまま…。あきらめるべき?

Answer 1 返事をハッキリさせない男はこっちから切る覚悟で!!

好意をもたれてることに、この男は酔ってるかもね。気持ちを確かめてバッサリと切られたら怖いって女心もわかんねん。だけど今って、いっぱいいろんな人に出会っていちばん恋愛もできる時期。その時期に、こんな宙ぶらりんはもったいない。それやったら彼に可能性があるのかないのか、バッサリ言ってもらったほうがいい。それでもハッキリしない男は、こっちから切ったほうがええで!!

SHIMON'S MANUAL
CHAPTER

長続きする つき合い方 教室

せっかく恋が成就しても、つき合い方次第で、
即ふられたんじゃ、今までの努力が水の泡(泣)。
大好きな彼と末長くラブラブできる方法を
男の本音全開で教えるで♪
いつも短期間で別れやすいってコ必見!!

長続きするつき合い方教室
#first lesson
1時間目

彼氏を夢中にさせる技術

実際、つき合ってみないと女のコの本性ってわかんない。一緒にいてつまらなく感じるか、どんどんハマってくか。夢中になるコには、共通点があったんや。オレの経験値からひもとくで♪

Question

Tama

いつもつき合っても3か月ともたない（涙）。もっと長続きさせる方法が知りたい!!

Question

リットン調査団

理想の彼女像が知りたい!!
私のほうが彼を好きな気がして…。もっと、彼にも私のことを好きになってほしい!! どんな彼女が理想的なの？ ハマるパターンと捨てられるパターンが知りたい。

すぐに別れが訪れる!? 危険な女度チェックシート

※当てはまるものにチェックを入れてね

- ☐ 彼氏とは毎日ずーっと一緒にいたい。
- ☐ 彼氏の前でオナラなんて死んでもできない。
- ☐ 掃除や料理など、家庭的なところをアピールしたい。
- ☐ デートの行き先など、すべて彼の意見にまかせる。
- ☐ 友達よりも家族よりも彼氏がいちばん大切。
- ☐ 彼氏に言いたいことはそのつど言わず、ためてから言う。
- ☐ 彼氏へのヤキモチや束縛はいっさい見せないタイプだ。
- ☐ 彼氏の男友達より、私のこと優先してほしい。
- ☐ 浮気防止にはお互いケータイを見せ合うことがいちばん。
- ☐ テスト期間や忙しい期間は、彼氏と会わない。
- ☐ 元カレとも友人関係を築けるタイプだ。

4 長続きするつき合い方教室

じつはコレ、全部危険な女の信号やで!!

彼氏を夢中にさせる5か条

1 彼氏の優先順位は友達と同レベルに

つき合うまでは「好き好き!!」って盛りあがるのはいいけど、つき合ったら1回落ち着こう。友達よりも家族よりも彼氏を優先なんてしてたら、今までの生活ペースもくずしちゃうし、同性の友達もどんどん減って、彼への依存が始まんねん。勉強があって、友達があって、趣味があって、家族があって、そんなジャンルの1つに恋人がある。そういうバランスがいちばんいい。

2 彼にとってはじめての経験をさせる

例えば、はじめてチューした人とか、はじめて一緒に旅行に行った人とか。はじめての経験をした人には、めっちゃハマる!! 彼女の手料理を食べたことない人だったら、弁当をつくっていくとか。彼にとってのはじめてのことを探して、経験させてあげること。

3 ちょっとワガママな甘えん坊キャラに

一緒に横に座ってるときに、いきなりゴローンってひざにのってきたり、後ろから抱きついたりして、くっついてきたら可愛い。こいつオレにガードゆるいな、心許してるんやなって。そうわかった瞬間、めっちゃうれしいで。

Lesson 1 彼氏を夢中にさせる技術

4 長続きするつき合い方教室

④ 〝落ち着ける〟〝必要と感じる〟〝刺激を与える〟存在になること!!

必要と感じるのは自分がまったくできないことを支えてくれる女のコ。オレやったら料理ができないから、お弁当つくってくれるとか。朝が苦手な男やったら、目覚ましコールをしてくれるとか。苦手なところを支えてくれるコっていうのは、大事にされるで。長くつき合いたいんやったら、彼が求める〝落ち着ける存在〟〝必要と感じる存在〟〝刺激を与える存在〟になること。

⑤ たまにマヌケな部分を見せる

いびきかくとか、白目むいて寝てるとか、ちょっとヌケてるところをオレだけに出してほしい。オナラも「あ、出ちゃった」とか言って顔をまっ赤にしちゃったり。下手なとこ見せないように完璧でいるよりは、オナラしちゃうくらいのほうが可愛い!!

血液型より、兄弟構成は知っておくべし!!

相手が長男か末っ子かで、彼女に求めるもんが違う!!

やっぱり、長男タイプは妹タイプと合うし、弟タイプには姉さんタイプが合うねん。長男やったら女のコに対して「守ってあげたい」っていうのがデカいから、完璧なコよりちょっとドジでほっとけないコにひかれてまう。末っ子タイプだったら「何か一緒にしようよ」って、女のコがしっかりリードしてくれるとか。相手が兄か弟かで、つき合い方も変わってくるで。

Lesson 1 彼氏を夢中にさせる技術

ゲスの極み息子

Question

彼の誕生日。何をしたら男の人ってよろこぶの？　士門クンの理想の誕生日の過ごし方を教えてほしい!!

Answer 1

物じゃない!!　オレのためにがんばってくれた感が◎

彼女から、「誕生日一日空けといてね。私がんばるから士門クンは何も考えなくていいから」って言われて、当日、彼女ががんばって立てたプランをスマホのメモを見ながら、「次は何時からここだ!! 来て来て、次こっちだよ」みたいなかんじでリードしてくれるとか。ふだん、リードしない彼女が、**オレのためにがんばって考えてくれたかんじがうれしい。そのサプライズの心が何よりのプレゼント。**

momo

Question

キスって女のコから積極的にいってもいいの？　つき合うまえのキスってアリ？

Answer 1

オレにとってキスは充電機みたいなもん♥

つき合うまえにキスするコは**「このコはいろんな男とも簡単にしてんのかな」**って思われるから、男から迫られても断ったほうがええ。オレの場合も、つき合った人しかキスせーへん。なんか、キスって充電機みたいなもんで、道歩いてても充電切れてきたなと思ったら彼女に「チューしよ♥」って言ってチューしてもらって「ハイ、充電された!!」って元気になんねん。

Lesson 1 彼氏を夢中にさせる技術

4 長続きするつき合い方教室

彼女に言われてうれしい

絶対に言われたくない
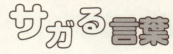

ほんとに やさしいね

「やさしい」っていうのは、自分が何かアクションをしたことについての言葉だから、ほんま、コイツにしてあげてよかったって思うし、またしてあげたいなって思う。

ほんと 子どもだよね

「子どもやな」「一緒にいても成長できない」「頼りない」…。２回目の彼女に言われたんやけど、さすがに、カッチーンときたな。ま、確かに精神年齢幼かったけど…。

結婚したら こういう家具が 欲しいね

もちろん、結婚するかどうかはわからんけど、オレとの将来のことを考えてくれてんのやって思える。いろんなこと想像してワクワクするよね。何回も言われんのは嫌やけど。

元カレは こうだったのに

「元カレやったらこうだった」とか「ふつう、彼氏だったらこうするよ」って言われたときは、「んじゃ、ほかの男とつき合って」ってなる。ほかの男と比較されるのは絶対嫌。

毎日、 笑えて幸せ

毎日、笑うっていうのは幸せの象徴やん!! 毎日、笑えるってことは、そいつが今幸せっていうのが一発でわかる言葉やと思う。とにかく彼女にオモシロイって思ってほしい。

あのときも そうだったよね

「あのときもそうだったよね」とか「まえもさ、そういうことがあって、言おうと思ったんだけど」とか。んじゃ、そんとき言ってって。ネチネチ昔のことを蒸し返さないで!!

#second lesson

長続きするつき合い方教室
2時間目

ヤキモチを焼く技術

恋愛にシットはつきもの。このヤキモチをいかに焼くかで、さらに愛が深まったり、反対に重いウザイ女と思われたり…。上手なヤキモチの焼き方をレクチャーするで。オレもめっちゃシットしいなん!!

Question
トーマン

彼氏と一緒に街を歩いてるとき、彼がほかの女のコを見るだけでシットしちゃう。

Question
OS

私は、シット深いほうだと思うんだけど、彼から重いって思われたくないから、1人でもんもんしてストレスがたまる…。

Answer 1
伝え方ひとつで重くも可愛くもなるんやで!!

彼女と街を一緒に歩いててもキレイな人とすれ違ったら、男はだいたい目で追っちゃうねん。そんなときは、オレの顔を手で挟んで強制的に彼女のほうをむかせて「士門クンにはアタシがいまーす♥」とか言われたらめっちゃ可愛い。逆に深刻な顔で「ひどい」とか言われたら「ゴメン、ゴメン」ってなって気まずくなるから。なんでも明るく言ってほしいで。ヤキモチ焼いてるってことも素直に出すのがいちばん!!

Lesson 2 ヤキモチを焼く技術

Question ミニミニー

友達と遊びに行く彼をどうしても笑顔で送り出せなくて、ふてくされちゃう。そんな態度に彼は「束縛しないで」って…。

Answer 1

相手の行動を阻止しようとした瞬間、ヤキモチから束縛に変わる!!

「また、遊びに行くの？」って、むっつりした顔で言われるよりは、「大事な友達ってわかってるけど、アタシも一緒にいたいって思っちゃうの。欲張りなんだけど」って素直に言ってくれたほうがいい。しかも、"欲張り"って言葉は可愛い。シットの気持ちは素直に出しながら、**彼氏のことを信用して、遊びに行くのを笑顔で送り出す器のデカさが必要やで!!**

Question ぐっさん

彼氏の浮気を疑ってケータイチェックがやめられない…。

Answer 1

ケータイを見て得られる安心感なんて断片的なもの

お互い、ケータイを見せ合う環境にしようって言うコがいるけど、そんな、ケータイなんか見なくても信用し合える恋愛がいいなって思う。ケータイ見ても証拠なんて消せるし、ケータイを見ることで得られる安心感なんて断片的なもんでしかない。**そんなものに頼らず、心底から信頼し合いたい。**ケータイ見たっていいことなんてない。

Lesson 2 ヤキモチを焼く技術

4 長続きするつき合い方教室

Question

遊びに行ってる彼が浮気してるんじゃないかって不安!!

Answer 1

不安は出さずに、あえてラブラブなLINEで浮気心を阻止!!

彼の行動が少しでも怪しいと思ったら、「早く会いたいね」とか、自分の存在感を出すメールを送るのはアリかも。さらにラブ写メも送るとか。**男だって、ちらりとで**も彼女のことが頭によぎったら、チクって胸が痛んでちゅうちょするから。逆に、男を責めるような内容のLINEは、ウザイって思われて浮気心が加速する危険も!!

浮気中かもって思ったらこのLINEを送れ!!

NG

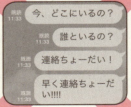

ウザくなって
ケータイを放置

OK

彼女とのラブラブを
思い出して浮気を断念

Lesson 2 ヤキモチを焼く技術

question Nana

つき合ってて、つまんない女、重いと感じる女ってどんなタイプのコ?

Answer 1 自己主張のないコはあきられてしまうで!!

なんでも「○○君の思ってるほうでいいよ」みたいな。すべて相手任せで自己主張のないコは絶対嫌。どんなに長くつき合っても、相手が何を考えてるのかわからないなんてつらいやん。**つらいことはつらい、うれしいことはうれしいって、素直に伝えてほしい。**ふだんから感情を出していくことは必要やで!!

Answer 2 つくしてますアピールは押しつけでしかない!!

あからさまに、つくしてますってのは重い。例えば、いきなりオレの部屋を掃除しだしたり、洗濯物たたんだりされたら、「おいおい、オレのテリトリーで何してくれてんの」ってなる。それって押しつけやから。**完璧すぎる女のコは一緒にいて窮屈になる。**押しつけやなく家事はさらりとこなす。甘えてくるけど、しっかりしてるところはしっかりしてるコに男は弱いねん。

愛が壊れる瞬間ランキング

1位 男の影
基本、別れを決意するのは、彼女にほかの男の影があるとき。それは、新規の男だけやなく、元カレとまだつながってるだけでもアカン!!

2位 お金の価値観が合わない
バイト代を全部使うとか、タクシーにめっちゃ乗るとか。とにかく金づかいが荒いコ。お金の使い方って人が見えるからね。

3位 プライベートがなくなったら
自分が打ち込んでいることを反対されたり理解してくれなかったら。それよりも彼女といる時間を強要されたら、どんどん窮屈になっていく。

4位 テストとかにマジメすぎる
「これから2週間は、テスト期間なんで一切会いません」って断言されちゃうと、何オレって迷惑な存在なの?って思っちゃう。

結論
友人関係のようなつき合い方が理想!!

4 長続きするつき合い方教室

最後に士門からのプレゼント

"〇〇士門"

妄想♥フォト劇場

最後まで読んでくれてありがと〜。少しは役にたったかな?
お勉強の締めは癒やしの時間ってことで、いろんな士門が登場するよ♥

ボーダーパーカ ¥3240 ／チュチュアンナ 中に着たTシャツ ¥3132 ／HIDEAWAYS（ニコル） スエットパンツ ¥3877 ／WEGO 水色シャツ ¥17280、中に着たTシャツ ¥10584 ／ともに JACKSON MATISSE（Hanx PR） パンツ ¥4309 ／WEGO

ジャケット ¥24840、シャツ ¥9612、パンツ ¥16200、ネクタイ ¥6372／以上 NICOLE CLUB FOR MEN（ニコル）

シャツ ¥8532／NICOLE CLUB FOR MEN（ニコル）　デニムパンツ ¥5389／WEGO

さいごに

　ここまで読んでくれてありがとう!!
　オレ、大倉士門はまだ20年ちょっとしか生きてへんけど、今まででいちばんつらかったことも、うれしかったこともすべて恋愛やねん。全部通して言えるのは、その恋愛がいちばん自分を成長させてくれる糧となったのは事実。失恋したときなんて、ほんまに死んでやろうと思うくらいつらかったし。だけど、そのつらさから同性の友達の大切さにも気づけた。逆に、人生でいちばん楽しい思い出をくれたのも恋愛。やっぱり、友達と一緒に遊園地に行くよりも彼女じゃないと経験できない気持ちってある。人生で、いちばん楽しかったこと、つらかったこと、うれしかったこと、すべてに彼女の存在はあんねん。
　オレは、つねに人とつながっていたい、胸キュンしていたい、超寂しがり屋で欲張りな性格なのかもしれん。今まで、たくさんたくさん、いろんな出会いをしてきたけど、何ひとつムダなものはなくて。
　ほんまに〝出会いは一瞬。出会えば一生〟って思うねん。恋人も友達も1つ1つの出会いを大切にしていったら、絶対、将来につながるなんらかの花が咲くと思う。
　みんなも、これからの人生バンバン花を咲かせてこーな!!

♥ STAFF

デザイン	FLY
写真	中村完（f-me）
スタイリング	四本優子
ヘアメイク	mai（Nord）
イラスト・漫画	小石川カオリ
マネージャー	富田春菜 （エイジアプロモーション）
編集	堀美香子

♥ 衣装協力店

WEGO	☎ 03・5784・5505
チュチュアンナ	✉ 0120・576・755
プロスペール	☎ 03・5778・4886
Hanx PR	☎ 03・6677・7741
ニコル	☎ 03・5778・5445

大倉士門の友達&恋人のつくり方マニュアル

LOVEのトリセツ

2016年2月8日　第1刷発行

著　者　大倉士門
発行者　角川春樹
発行所　株式会社　角川春樹事務所
　　　　〒102-0074　東京都千代田区九段南2の1の30　イタリア文化会館ビル
電　話　03・3263・7772（編集）　03・3263・5881（営業）
印刷・製本　中央精版印刷株式会社

本書を無断で複写複製することは、法律で認められた場合を除き、著作権の侵害となります。
万一、落丁乱丁のある場合は送料小社負担でお取り替え致します。小社宛てにお送りください。
定価はカバーに表示してあります。

ISBN978-4-7584-1282-7 C0076
©Shimon Okura Printed in Japan Kadokawa Haruki Corporation

本書に関するご意見、ご感想をメールでお寄せいただく場合は　mook@kadokawaharuki.co.jp　まで